英国爱尔兰行知录

王世伟　王晓云　著

上海大学出版社

·上海·

图书在版编目(CIP)数据

英国爱尔兰行知录/王世伟,王晓云著.-- 上海：上海大学出版社,2024.11.-- ISBN 978-7-5671-5141-3

Ⅰ.G156.13；G156.23

中国国家版本馆CIP数据核字第20247RM572号

责任编辑　邹西礼
封面设计　柯国富
技术编辑　金　鑫　钱宇坤

英国爱尔兰行知录

王世伟　王晓云　著

上海大学出版社出版发行
(上海市上大路99号　邮政编码200444)
(https://www.shupress.cn　发行热线021-66135112)
出版人　余　洋
＊
南京展望文化发展有限公司排版
上海颛辉印刷厂有限公司印刷　各地新华书店经销
开本710mm×1000mm　1/16　印张19.25　字数325千
2024年12月第1版　2024年12月第1次印刷
ISBN 978-7-5671-5141-3/G·3673　定价　198.00元

版权所有　侵权必究
如发现本书有印装质量问题请与印刷厂质量科联系
联系电话：021-57602918

序

城市的发展是人类文明的重要标志和载体。2个多世纪前的1800年,世界上只有3%的人口居住在城市;1个多世纪前的1900年,全球的城市人口发展至14%;而到了20多年前的2000年,全球的城市人口迅速增长至40%。对于全球各城市的观察,我们往往可据以定义文明的存在和文明的多样性,为人们带来文明交流互鉴的启示。英国传记作家彼得·阿克罗伊德所著《伦敦传》(译林出版社2016年版)在封面上引用了塞缪尔·约翰逊的名言:"若是你厌倦伦敦,那就是厌倦了人生。"生活在伦敦的年轻人汤姆·琼斯在他28岁时受到这一名言的启发,于是花了5年时间去探索自己已经生活与工作多年的这座城市,写下了《厌倦了伦敦,就厌倦了生活》(天津教育出版社2013年版)一书,还为此建立了一个博客。伦敦在世界各大城市的各种评比中,经常雄居榜首。因此,到伦敦休闲度假,成为我们多年来的心中期盼。2019年夏秋之交,我们俩终于一起登上了赴英的航班,开启了两个月的英国和爱尔兰行知之旅,试图以亲身的体验去探究并解析伦敦何以成为世界文化之都的内在密码,当然可能更多的是关注我们各自的专业,即图书馆学和旅游学。这里需要说明的是人们常用的与英国和爱尔兰有关的几个不同称谓:"英格兰"是指联合王国的构成国;"大不列颠"是指英格兰、苏格兰和威尔士所处的岛屿;"联合王国"是指女王伊丽莎白二世统治的政治实体,包括苏格兰、英格兰、威尔士、北爱尔兰和女王的若干属地;"不列颠群岛"是指北大西洋上的一组岛屿,

英国爱尔兰行知录

本书作者王世伟与王晓云在英国康沃尔的"天涯海角"

包括爱尔兰、大不列颠和马恩岛。因此,当下的英国的准确全称应当是"大不列颠及北爱尔兰联合王国",中国驻英大使上任履职时用的就是这一名称。

伦敦是世界上最重要的金融城市之一,也是拥有图书馆、博物馆、体育馆最多的城市之一,这里有牛津、剑桥、帝国理工和伦敦经济学院等世界一流高等院校,曾经举办过3届奥运会;无论是牛顿物理学三大定律还是瓦特蒸汽机,无论是青霉素的发明还是图灵计算机的出现,无论是创意城市或创意经济的起源还是第一个试管婴儿的诞生,这些都使伦敦成为世界上最著名的城市之一,吸引了数量众多的旅游者到访。

在两个月的英国爱尔兰的行知体验中,我们长住在表妹蕾蕾和表妹夫阿鼎位于伦敦市区西部的伊令(Ealing)住宅中,并有一周移住于位于泰晤士河畔法兰1号的表妹表妹夫新购住宅,遍访了近百计的各类博物馆、图书馆、纪念馆、市政厅、教堂、书店、大学园区、购物中心、创意街区,漫步于泰晤士河两岸,品尝了城区中不同风味的中餐和西餐;还曾3次随团出旅,分别到访了英格兰的曼彻斯特、苏格兰的爱丁堡和湖区、北爱尔兰、威尔士的卡迪夫以及爱尔兰。

序

本书作者王世伟（左）和王晓云（右）在伦敦表妹家中

在本书中，由于行知录所涉内容较为丰富多样，各篇文字多寡不一，为方便阅读，我们将全书各篇的内容按大体相近的原则归类序次，大体分为国家博物馆和美术馆、国家图书馆、公共图书馆、大学和专业图书馆、最早的无线电台与书店、教堂与主题博物馆、文化艺术、爱丁堡、历史名人、城市景观、文化自然景观、蕾蕾与阿鼎。为方便阅读，我们在目录中进行了各篇二级层次的内容标引，以方便读者进行内容检索。为了生动形象地展示有关的行知内容，全书文字中附有700余张照片，绝大部分为我们在英国爱尔兰旅游期间所摄，也有少量照片是以往保存的或引用的，凡引用的照片和图像以及所参考的图书和文章，均分别随文注明出处。

两个月的旅行时间过得飞快，每天的体验都精彩纷呈，令人激动。在我们从伦敦即将返回上海的当晚，我们用简洁的文字总结了这次英伦三岛的体验之旅：英伦之行，两月之久，精彩纷呈，高潮迭起，收获满满，即刻追忆，俯身拾贝，其获有七：

一是专业考察之旅。王世伟长期研究都市图书馆，王晓云专业为都市旅游，故在休闲度假的过程中，我们也对图书馆学和旅游学分别进行了专业视

英国爱尔兰行知录

本书作者在伦敦欣赏舞台音乐剧《悲惨世界》

域的观察，故为专业考察之旅。二是城市调研之旅。我们对超大城市管理都有浓厚的兴趣，伦敦的交通、建筑、街区、市场、洗手间等也成为我们关注的对象，故为城市调研之旅。三是文化学习之旅。英国与爱尔兰自然与文化遗产遍布，文化载体丰富多样，故为文化学习之旅。四是美食品尝之旅。表妹夫阿鼎为伦敦中餐名厨，表妹也陪同一起品尝了不同特色的伦敦餐饮，故为美食品尝之旅。五是生活体验之旅。两个月中我们曾分别居住在伦敦城区西部的伊令和市中心的泰晤士河畔，数以百次地乘坐伦敦地铁和公交车，在各类超市中购物，故为生活体验之旅。六是亲情交流之旅。与表妹和表妹夫以及姑姑、姑父相聚，是我们多年的心愿，故为亲情交流之旅。七是万里缘分之旅。在伦敦，王晓云约见在伦敦工作学习的学生，王世伟也在伦敦英国国家博物馆偶遇数十年未见面的大学同学、在爱丁堡巧遇了原来一起工作的研究所同事，故为万里缘分之旅。

同时，英国爱尔兰之行也是阅读之旅，我们阅读城市乡村、阅读自然美景、阅读社会百态、阅读历史遗存、阅读图书馆与文化场馆。

本书作者与表妹、姑姑和专程到英国旅游的妹妹在伦敦合影

英国爱尔兰行知录

  两个月的行期原来以为很长，但实际体验下来感到实在太短，因时间的限制还有诸多地方未能到访，如内心向往已久的莎士比亚故居等。有一点体会颇深，即要对一地有真切的了解，需要在这个地方生活一段时间，慢慢地体会，细致地观察，深入地了解，多维度地体验，才能得到较为深入的认知，且得到第一手的东西，道听途说终究不能深入心灵。……

王世伟　王晓云

2021年6月6日初稿

2024年2月16日修改

目录

序 / 1

不列颠博物馆陈列文物中的图书馆学与文献学史料 / 1

石碑文献 / 2
美索不达米亚的土地购买档案 / 2
古埃及两位男性合葬的碑文 / 3
古代塞浦路斯双语大理石碑文 / 3
公元前3世纪孔雀王朝阿育王所颁法令碎片 / 4
公元2世纪的雅典铭文石碑 / 4
埃及水手的墓碑 / 5

纸莎文献 / 5
古代埃及的《死亡之书》 / 5
托勒密二世时期的死亡者纸莎草书 / 6

木牍文献 / 7
公元1—2世纪的木板碑文与书写笔 / 7
英国北部边境军事要塞保存至今的木板文献 / 8
文多兰达木板文献的书写字体与书写格式 / 10
古代档案残牍遗存 / 10

古代文献与古代文字 / 12
古代戒指和黏土及印章上的文字符号 / 12

  古希腊的文献载体与书写记录 / 13
  亚述巴尼拔图书馆收藏的楔形文字泥板石碑 / 14
  伊拉克巴比伦的居鲁士圆柱文献载体与文字记载 / 15
  青铜平板与牛肩胛骨上的语言文字 / 16
  青铜碑和青铜镜上的文字记载 / 16

古代文献的特别载体 / 17

  瓶罐、铜壶、陶片、泥板、陶球、邮票、木片等文献载体 / 17
  作为日常书写载体的"陶片文" / 18
  公元2世纪的墙面彩绘铭文与图案 / 19
  铜质陪审员票 / 19
  霍尔德吉特夫牧师的合葬树冠箱 / 20
  棺椁侧板上的文献记录 / 21
  酒瓶碎片上的文字 / 21

经典文献展示 / 22

  荷马史诗《伊利亚特》第一卷文字木牍遗存 / 22
  印度古代经典《罗摩衍那》的叙事传统 / 22

古代的阅读与阅读推广 / 23

  红色水罐酒罐上所绘古代希腊不同的展卷阅读场景 / 23
  体现古代经典文献创作的纸莎草残纸手稿本 / 24
  20世纪初体现在瓷盘上的阅读推广 / 25

中南亚与东亚文献 / 25

  16—18世纪的中南亚图册文献 / 25
  17—20世纪的日文文献 / 26
  1948年6月15日《人民日报》创刊号 / 29

不列颠博物馆中的部分文物展示 / 30

  有帆的彩绘木船模型 / 30

目录

青铜时代早期的雕刻石板与铜斧和匕首	/ 31
动物木乃伊	/ 31
红色陶罐所呈现的献祭伊芙琴尼娅场景	/ 32
戴着精致花环的古代伊达里昂人物塑像	/ 33
手持卷轴的非洲陶俑	/ 34
手持祭酒碗的斜躺者	/ 34
穿着无袖连衣长裙的青铜青年女子塑像	/ 35
人鳄石雕	/ 36
飞翔的古罗马胜利女神	/ 36
象征神灵保护的青铜铃铛与青铜蛇像	/ 37
公元4世纪马赛克地板上的基督镶嵌画像	/ 37
中世纪的国际象棋	/ 38
体现东西方文化交流互鉴的银质托盘及宝石底座	/ 39

英国国家美术馆陈列艺术品中展现的文献与阅读　　　　/ 41

英国国家美术馆及展陈布局	/ 41
抄本与写本	/ 43
图书、处方与便笺	/ 44
卷轴与笔记本	/ 45
《新约全书》的翻译与印行	/ 46
图书、石碑与卷轴	/ 46
阅读教材	/ 47
书信	/ 48
乐谱	/ 50
图片绘画	/ 52
蚀刻画	/ 53
论文手稿	/ 53

剧作文稿 / 54
《圣经启示录》的创作文稿 / 54
奇特艺术文献 / 55
遗嘱文献 / 56
税单账本 / 56
婚约与家谱 / 57
薄纸 / 58
地图 / 58
14—15世纪的文献装帧 / 59
16世纪颇具特色的图书装帧 / 62
17世纪的图书装帧 / 64
不同的持书姿态 / 65
书房阅读 / 67
森林阅读 / 68
花园阅读 / 68
行走阅读 / 69
家庭阅读 / 69
海边沙滩阅读 / 70
礼拜堂祭坛前的经典阅读 / 71
居家祈祷中的时辰书阅读 / 71
死亡仪式中床边的集体阅读 / 71
荒野阅读 / 72
少儿阅读 / 73
女性阅读 / 75
青年阅读 / 77
科学家阅读 / 77
集体研读 / 77
僧侣与圣母及修士等的集体讲读 / 78

目 录

英国国家图书馆及部分珍贵馆藏　　/ 81

1998年开放的圣潘克拉斯新馆　　/ 81
《金刚经》　　/ 85
西奈古抄本　　/ 86
大宪章　　/ 86
达·芬奇的手稿笔记本　　/ 87

苏格兰国家图书馆　　/ 88

爱丁堡城市议会中心图书馆　　/ 94

英国和爱尔兰若干图书馆印象　　/ 98

国际图联主席卢克斯对图书馆发展史的总体勾勒　　/ 98
英国和爱尔兰若干图书馆印象　　/ 98
伦敦伊令社区的中心图书馆　　/ 99
贝尔法斯特莱能霍尔图书馆　　/ 100
都柏林马什图书馆　　/ 101
维多利亚埃伯特博物馆图书馆　　/ 104
剑桥社区图书馆　　/ 104
来自图书馆的救赎　　/ 105

贝尔法斯特中心图书馆　　/ 107

曼彻斯特大学约翰·瑞兰德斯图书馆　　/ 112

约翰·瑞兰德斯图书馆的源起　　/ 113

约翰·瑞兰德斯图书馆的设计建造与开放	/ 114
首任馆长亨利·古比	/ 115
财政困难与两次扩建	/ 116
并入曼彻斯特大学图书馆	/ 116
古老而新颖的建筑与设计	/ 116
气势非凡的新哥特式建筑设计	/ 118
图书馆入口处的三尊雕像	/ 119
独特的建筑细节设计	/ 120
采用最为优质先进的建筑材料和设施	/ 120
建筑的内外更新	/ 121
文旅融合的图书馆	/ 123
主题分类展陈	/ 124
约翰·瑞兰德斯图书馆的两大展陈阅览空间	/ 124
瑞兰德斯画廊	/ 127
哥伦比亚印刷机	/ 128
保存至今的早期厕所和目录柜	/ 129
丰富的文创产品和专职的图书馆导览导购	/ 130
约翰·瑞兰德斯图书馆的特色馆藏	/ 131
馆藏珍籍举例	/ 132
曼彻斯特地方文献	/ 136
不断增加的特色馆藏	/ 136
文献收藏与保护	/ 137

爱尔兰都柏林切斯特·比蒂图书馆　　　　　　/ 139

切斯特·比蒂图书馆的空间布局与服务时间	/ 140
切斯特·比蒂其人其事	/ 141
切斯特·比蒂在矿业方面的巨大成功	/ 142

目录

切斯特·比蒂与历史文献相遇相知的缘起 / 142

切斯特·比蒂在亚洲度假期间与历史文献的缘分 / 143

《沃尔辛厄姆圣经》 / 144

印度莫卧儿王朝的绘画肖像图册 / 144

波斯菲尔多西所撰史诗《列王记》 / 145

切斯特·比蒂所建立的收藏品顾问和代理人网络 / 146

开罗地毯店老板萨基森（Sarkissian） / 146

马德里大学少数民族语言教授雅胡达（A. S. Yahuda） / 146

英国国家博物馆专家亚历克斯·加德纳（Alex Gardiner） / 147

英国国家博物馆埃里克·米勒的暗号电报 / 148

比蒂的度假旅行导游 / 149

比蒂的收藏原则及分类典藏 / 149

比蒂收藏的《永乐大典》 / 150

中外文献中关于比蒂图书馆所藏《永乐大典》的记载 / 150

切斯特·比蒂对文献的深情与慈善之心 / 153

比蒂晚年将目光投向爱尔兰 / 153

切斯特·比蒂图书馆的建立 / 153

比蒂图书馆的诞生与捐献 / 154

"一生的礼物"文献特展 / 155

日本画家的《长恨歌图》 / 155

古埃及的木制书夹封套 / 156

古代福音传道者书写经书的场景 / 156

"即将到来的——泰国佛教启蒙之路的故事" / 157

泰国中部的珍稀佛教手稿和摩尼教纸莎草书 / 158

都柏林圣三一学院的长厅与珍籍 / 159

长厅 / 160

《凯尔之书》 / 163
《迪玛之书》 / 163

贝尔法斯特的泰坦尼克博物馆 / 165

泰坦尼克博物馆的内外景观 / 165
个性化的舒适而生动的缆车体验 / 167
令人叹为观止的铆钉工艺 / 168
华莱士当年下榻的"年代奢华约会"二等客舱 / 169
泰坦尼克号沉没后遗存的珍贵信函 / 169
遇难者收藏家哈利·威德纳的藏书与遗嘱 / 170
泰坦尼克博物馆中珍贵的历史展陈 / 171
泰坦尼克号游轮的不同等级设计 / 172
泰坦尼克号游轮先进的导航设备 / 174
泰坦尼克号游轮沉没后的搜寻工作和遗体遗物处理 / 174
贝尔法斯特造船业的珍贵档案 / 176

遇见世界上第一只克隆羊多莉 / 179

从牧师在湖上滑冰的绘画说起 / 182

罗伯特·沃克牧师在达丁斯顿湖滑冰 / 182
洛奇瑙的阿格纽夫人 / 183
苏格兰国家美术馆 / 184

贝尔法斯特的瓷片大鱼雕塑 / 186

爱丁堡国际艺术节的启示 / 188

目 录

魅力四射的爱丁堡　　　　　　　　　　　　　　／ 192

爱丁堡城堡　　　　　　　　　　　　　　　　　／ 195

卡尔顿山　　　　　　　　　　　　　　　　　　／ 200

剑桥大学的牛顿苹果树　　　　　　　　　　　　／ 203

　　有着传奇故事的牛顿苹果树　　　　　　　　　　／ 203
　　牛顿苹果神话的三个来源　　　　　　　　　　　／ 204
　　牛顿苹果树在中国各地的嫁接培育和赠送栽植　　／ 205
　　剑桥城镇的风光　　　　　　　　　　　　　　　／ 206

苏格兰引以为傲的名人　　　　　　　　　　　　／ 209

　　亚当·斯密　　　　　　　　　　　　　　　　　／ 210
　　戴维·休谟　　　　　　　　　　　　　　　　　／ 210
　　瓦特　　　　　　　　　　　　　　　　　　　　／ 210
　　卡内基　　　　　　　　　　　　　　　　　　　／ 211
　　贝尔　　　　　　　　　　　　　　　　　　　　／ 211

司各特纪念碑　　　　　　　　　　　　　　　　／ 212

丘吉尔二战指挥室　　　　　　　　　　　　　　／ 214

　　保留原貌的二战指挥室　　　　　　　　　　　　／ 214
　　丘吉尔的雪茄展示　　　　　　　　　　　　　　／ 218
　　丘吉尔的胜利手势　　　　　　　　　　　　　　／ 219

  二战指挥室（丘吉尔博物馆）中的文献与艺术　　　　　　　　　/ 219

威廉王子与凯特王妃相识相恋的咖啡馆　　　　　　　　　/ 224

海德公园演讲角的现场体验　　　　　　　　　　　　　　/ 228

  闻名遐迩的演讲角　　　　　　　　　　　　　　　　　　　　/ 228
  1851年伦敦世界博览会的举办地　　　　　　　　　　　　　　/ 230
  手持目录书的艾尔伯特纪念碑　　　　　　　　　　　　　　　/ 230
  "马与水"雕塑　　　　　　　　　　　　　　　　　　　　　/ 232
  十分惬意的公园湖林与游客　　　　　　　　　　　　　　　　/ 233

坐公交车领略伦敦东西区的不同　　　　　　　　　　　　/ 234

既方便又似迷宫的伦敦地铁　　　　　　　　　　　　　　/ 238

  在伦敦地铁线上的意外失散经历　　　　　　　　　　　　　　/ 239
  以人为本的公交站点设置　　　　　　　　　　　　　　　　　/ 240

行走伦敦的点滴感悟　　　　　　　　　　　　　　　　　/ 241

  伦敦眼和千禧桥的魅力　　　　　　　　　　　　　　　　　　/ 242
  登顶圣保罗大教堂　　　　　　　　　　　　　　　　　　　　/ 243
  伦敦塔桥的启降开闭　　　　　　　　　　　　　　　　　　　/ 245
  被列为世界文化遗产的伦敦塔　　　　　　　　　　　　　　　/ 245
  伦敦大火纪念碑　　　　　　　　　　　　　　　　　　　　　/ 246
  白领站立交流的风俗　　　　　　　　　　　　　　　　　　　/ 247
  诺丁山狂欢节　　　　　　　　　　　　　　　　　　　　　　/ 248

目 录

  查尔斯·狄更斯博物馆 / 249

剑桥大学"桥"的大家族 / 251

  剑桥大学九座桥的分类 / 251
  从不同角度观赏数学桥 / 252
  数学桥东部的女王学院老建筑 / 255

苏格兰高地图姆尔河的鲑鱼洄游统计 / 257

苏格兰高地金库西小镇和火车站 / 260

18洞高尔夫发源地圣安德鲁斯 / 264

龟兔连锁餐厅创始人蕾蕾 / 267

  唐宁街10号新春酒会 / 271

令人称奇的顶级大厨阿鼎 / 274

附录 / 277

  赖奕武、徐英夫妇收藏并捐赠的20世纪60—70年代文献资料概述 / 277
  近年来王世伟所撰文章（2019年9月—2024年2月） / 282

后记 / 285

不列颠博物馆陈列文物中的图书馆学与文献学史料

  2023年8月，不列颠博物馆（British Museum，亦译为大英博物馆）数千藏品失窃、馆长辞职的新闻震惊世界（参见《大英博物馆数千藏品失窃馆长辞职》[N].新京报，2023-08-28-A11），也使我们回忆起4年前的2019年8月，我们曾多次前往参观的情景。

  创建于1753年的不列颠博物馆是全球博物馆中藏品最为丰富、参观人数最多的博物馆之一，馆内有800多万件藏品；截至2019年，只有约8万件藏品公开展出，其余藏品大多存放于储藏室。由于场馆和展品甚多，我们曾先

参观者众多的不列颠博物馆外景（左）与内景（右）

后花了3个整天地毯式地参观了博物馆中的埃及艺术、希腊罗马艺术、西亚艺术、欧洲中世纪艺术、东方艺术等60多个主题展馆画廊,但还是不免有走马观花般的颇显匆促的遗憾。(可网上参阅 https://www.britishmuseum.org/about-us/british-museum-story/history)

在琳琅满目的多元文化展品中,除了一般浏览外,我们从图书馆学文献学以及档案学专业的角度出发,特别关注了各类文献载体、语言文字、档案史料以及阅读推广方面的展陈。这些丰富多样、多元交叉的文献载体、文字记录和文物展示,为研究世界文献发展史、世界语言文字的演变与相互影响以及人类阅读发展史和档案史料学提供了重要的第一手专业史料,为文明交流互鉴提供了诸多参考案例。我们将参观的粗浅心得,按若干个主题予以介绍,包括石碑文献、纸莎文献、木牍文献、古代文献与古代文字、古代文献的特别载体、经典文献展示、古代的阅读与阅读推广、中南亚与东亚文献等8个方面,各类之间或有交叉。文中所列举的各类案例只是书海拾贝,呈碎片化,希冀能为图书馆学史、文献学史以及档案学史的研究提供一些世界视野的基础史料和研究例证,也为一般的读者提供文献和阅读的有关知识和案例。

石 碑 文 献

美索不达米亚的土地购买档案

在一块约公元前2400—前2200年的残石碑上,保存着记录土地买卖细节的文献记录。这块残石来自两河流域的美索不达米亚(Mesopotamia, modern Iraq),在伊拉克南部的迪尔巴特(Dilbat)发掘出土。

约公元前2400—前2200年的残碑文字

残石上留存的文字列出了一个名为图普西卡(Tupsikka)的人购买土地的清单,他用成筐的大麦来付款。其中有一笔买卖的交易作了这样的记录:这块土地的价格是90古尔-萨格(*gur-sag-gal*)(21 600升)大麦;额外附加的付款是8古尔-萨格(1 920升)大麦、16磅(pounds)羊毛以及16夸脱（quarts）的油。以上文献记载为研究美索不达米亚历史上的土地买卖和交易方式提供了重要的档案史料。

古埃及两位男性合葬的碑文

在陈列的一块内容为两兄弟墓室的花岗岩石碑上，所刻碑文是有关纪念霍尔和苏蒂两兄弟合葬的内容（The tomb inscription of Hor and Suty）。据展陈文字介绍，他们很可能是双胞胎而不是同性恋人。

在古埃及的阿蒙神庙（Amun），有些重要的官员和主要的建筑师在内巴蒙墓（Nebamun）工作，他们很可能与墓主相识。在这一门形石碑上，有祈祷文和赞美诗的装饰，内容是赞美统治人类生命和重生的太阳神。

古埃及两位男性合葬的碑文

古代塞浦路斯双语大理石碑文

古代塞浦路斯（Cyprus）使用多种语言，出现在1 500年前的当地最早的书写系统称为Cypro-Minoan，与克里特岛（Minoan Crete）的线形文字A相似。这一语言系统至今未被破解，但在公元前第一个千年中，Cypro-Minoan书写系统被发展成古希腊语和其他语言，后来的文字发展形式被称为Cypro-Syllabic。通过如今的黎巴嫩地区的移民因素，Cypro-Syllabic书写系统与腓尼基语（地点在现在的黎巴嫩）一起广泛使用，直到公元前300年左右被希腊字母所取代。

左图照片中所展现的约公元前370年左右的大理石双语石碑发现于佩拉弗兰吉萨（Pera Frangissa）的阿波罗-雷身夫圣殿（Sanctuary of Apollo-Reshef），于1885年发掘出土。

碑文中的文字采用双语书写，上面是腓尼基

以腓尼基语与希腊语刻写的双语碑文

语，下面是希腊语，并采用了两种不同的字母表。较高的铭文腓尼基文字是按字母顺序排列的，而较低的铭文则是用当地Cypro-Syllabic书写系统书写。这两种语言文字的使用，反映了古代塞浦路斯社会文化的多样化特征，如文本中对神灵就有不同的称呼，腓尼基语称作Reshef，而希腊语则称作Apolo。石碑碑文中记录了一位叫梅纳恒（Menahem）的男士对崇拜塑像的奉献。

公元前3世纪孔雀王朝阿育王所颁法令碎片

阿育王（Ashoka，？—前232年），音译为"阿输迦"，意译为"无忧"，是古代印度摩揭陀国孔雀王朝（前268—前232年）的国王，曾统一印度全境，其统治时期为古代印度最强盛的时代。阿育王在位期间曾宣扬其教义佛法，颁布了"过道德生活"（living a moral life）的诸多法令，这些法令曾刻在南亚的贸易之路、宗教或行政中心附近的摩崖岩石和石柱上。

公元前3世纪孔雀王朝阿育王所颁法令碎片

上图所展示的阿育王法令碎片是用古代印度的日常用语帕拉克里语（Prakrit）的婆罗米文书体（Brahmi script）刻写的，婆罗米文成为之后印度现代语言文字的鼻祖。刻有法令文字的这种石柱的顶部或刻有莲花瓣，用以支撑上方雕塑的狮子和大象等动物。这些石刻法律文献不仅是印度历史的重要文献，也是世界文献发展史上重要的石刻文献遗存。

公元2世纪的雅典铭文石碑

在雅典卫城（Acropolis）的斜坡上，曾发现有公元126—130年左右铭刻于雅典的大理石碑，记录了那里为伊希斯（Isis）建造的一座纪念圣殿的相关史实。

据介绍，这座圣殿由一位女性捐赠，她在宗教游行中担任了灯手的角色，并为伊希斯向其信徒传达的梦想提供解读。其他人员的名单均为男性，其中

雅典卫城发现的铭文石碑

有作为牧师的狄奥尼索斯（Dionysos of Marathon）、负责制作宗教雕像服装的发型师艾米利乌斯·阿提科斯（Aemilius Attikos）、担任寺庙管理者的尤卡波斯（Eukarpos），还有在宗教游行中手持宗教雕像的圣公会成员等。

埃及水手的墓碑

左图所展示的是埃及水手盖尼斯·安尤乌斯·德拉科（Caius Annius Draco）的墓碑，时间为公元2世纪，来自意大利那不勒斯附近的米塞努姆角（From Cape Misenum, near Naples, Italy）。德拉科出生于埃及，但曾在驻扎那不勒斯湾的帝国舰队服役。德拉科有3个名字，这意味着他是帝国的正式公民。许多来自埃及的水手和士兵在罗马服役，有时长达25年，而公民身份则是对他们的奖励。

公元2世纪一位埃及水手的墓碑

纸 莎 文 献

古代埃及的《死亡之书》

古埃及的纸莎文献中有《死亡之书》（The Book of the Dead）的书名和文献类别，在《死亡之书》之前，有相类似的棺材文（Coffin Texts），在古埃及的新王国时期（前1553—前1085年）被称为《每日前进公式》（Formulae for Going Forth by Day）的新书所取代，而这套新书广为人知的现代术语则为《死亡之书》。在这套新的《死亡之书》中，包括了旧的材料，但经过了修改和浓缩，其中最重要的附加内容为涉及死者的判断，以确定他（她）是否值得获取新生命。《死亡之书》通常用墨水写在纸莎草纸上，直到托勒密王朝时期（前305—前30年），这一文献形式和内容依然是最重要的丧葬文献。与此前的金字塔文本（Pyramid Texts）和棺材文本有所不同，《死亡之书》在书中配了大量的小插图。

在古埃及新王国时期（底比斯复兴时期）的《死亡之书》的版本中，咒

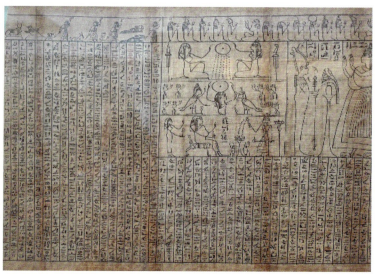

古埃及《死亡之书》亚麻布载体（左）与纸莎草纸载体（右）

语并没有按照标准顺序出现。而在后期埃及的第25—26王朝（the "Saite revension"），曾对语料库作了一次重大的修改，这导致了一系列固定的章节和内容的变化，具体涉及死者的埋葬、死者所拥有的神力和知识、死者的判断与变形等。

需要提出的是，在纸莎草纸更广泛地使用之前，有将死亡文本用亚麻布书写后放在死者护罩上的做法。如展陈文献中有一张《死亡之书》的文字就是用墨水写在一个名叫雷斯蒂（Resti）的女人的亚麻木乃伊裹尸布上（见上图左），这一文献产生在第十八王朝，约在公元前1480年。

托勒密二世时期的死亡者纸莎草书

在陈列的文献展品中，有一件荷内吉特夫（Hornekitef）死亡的纸莎草书文献页，文献的时间著录为托勒密二世统治时期（前246—前222年），来自底比斯的阿萨西夫（From Asasif, Thebes）。

这张纸莎草书出土时，被发现置放在内棺盖上，文字内容选自《死亡之书》第1—42章。同样属于同一死者的纸莎草书现在收藏在纽约的皮尔庞特·摩根图书馆（Pierpont Morgan Library），里面的内容选自《死亡之书》的第110—161章。

埃及底比斯阿萨西夫的死亡者纸莎草书

木 牍 文 献

公元1—2世纪的木板碑文与书写笔

在伦敦的许多地方曾发现有公元2世纪用来书写的笔（见右图上），这些笔是用来在木板载体上书写的。木质和骨质的文献载体很常见，但能够留存下来的很少。由铁、青铜或混合金属制成的书写笔的一端是一个尖锐的书写点，另一端则有一个楔形状的修改擦（相当于后来的橡皮擦），中间则为纤细而装饰精美的持握柄。其中有一支书写笔上还保存有制造商的印章：REGNF-Made by Regnus。

在书写笔的下方有一块木板碑文（见右图下），出自公元1—2世纪伦敦的沃尔布鲁克（Walbrook），木板质地为伦敦地区

公元1—2世纪的书写笔（上）与木板碑文（下）

的表层杉木，上面书写的内容为互致问候的一封信，书写的名字的拼写中混合使用了罗马字和凯尔特语（Roman and Celtic），成为世界古代文献中不同语言文字交织融合书写使用的案例。

英国北部边境军事要塞保存至今的木板文献

文多兰达（Vindolanda）或称切斯特霍姆（Chesterholm），是公元1—2世纪罗马军队在英国诺森伯兰郡（Northumberland）文多兰达所构筑的军事要塞，在罗马皇帝哈德良（Publius Aelius Hadrianus，76—138年）于公元122年在英国修建哈德良长城（Hadrian's Wall）之前，这里是英国北部边境的主要军事堡垒。1973年，这里发现了第一批木板文献，在此后的考古发掘中又发现了更多的数以百计的板片文献。这些木板文献可以追溯至公元92—120年间要塞中发生的一些事情，而这段时期对于英国北部边境的历史具有重要的意义。在这段时期中，要塞（First Tungrian Cohort/Ninth Batavian Cohort）由两支部队驻守，而大部分板片文献与这些驻守军队的官方军事文件相关。还有许多文献是寄给现役军官与军人的私人信件，从而提供了这个偏远的前哨军事要塞中的驻军工作和私人生活的相关信息。

在两片对折的公元1世纪晚期和2世纪早期文多兰达的信函文献上（见左图），保存了一封军事信函的下半部分内容，文字为发给一个部队的指挥官涉及军队调动的相关内容。信函用草书书写，出自一位抄写员之手，但信函的封头则由信函作者书写。由于当时驻扎在堡垒中的罗马士兵所书写的信函文献中大多缺乏标点符号和草书文本，因此这封信函的文字以其标点符号的使用而广为人知。

公元1—2世纪使用标点符号的文多兰达木片信函

与上述折叠的木片有所不同，另一块木片则上下均呈碎片状，两边都有字迹（见下页上图）。其中包含两部分内容，一是信函草稿的一部分，二是被誉为古罗马一代诗宗的维吉尔（Publius Vergilius Maro，公元前70—前19年）的代表作《埃尼德》（Aeneid）12卷本中第9卷的一句话，可能属于抄写练习，抄写者被认为可能是驻扎在英国诺森伯兰郡文多兰达堡垒巴达维亚（Batavian）

第九舰队指挥官法维斯·乔里斯（Flavius Cerealis）的孩子，时间在公元97—103年间，当时维吉尔的作品被广泛用于初级教学。

在文多兰达的木质字板中，还有一块墨水书写板碎片（见右中图）颇具特点，字板上的文字呈现出用字母和符号组合速记书写的样式。速记这种书写形式至少在公元1世纪中期就已在罗马世界开始使用，但这种书写方式所使用的系统细节仍不得而知，这里所展陈的文多兰达速记文本也没有被破解过。所展示的木质字板上，保存了4行文本。

令人感到多少有点震惊的是，文多兰达保存的木板中，有一份当时的军力报告，可追溯至公元92—97年，可以看作是一份源自英国的最早且极为重要的军事文献，它揭示了当时罗马军团的具体部署和组织机构（见右下图）。

木板文献上的文字记载着：

5月18日，统帅为省长尤利乌斯·韦雷肯杜斯（Iulius Verecundus）的通古斯第一大队（First Cohort of Tungrians）净人数为752人，其中有6名百夫长缺席；总督卫队46人；在费罗克斯（Ferox）的办公室？；在科里亚337人，包括百夫长2（？）；在伦敦百夫长1（？）；……总缺席者456人，包括百夫长5人；其余出席者296人，包括百夫长1人；其中重病15人，受伤6人，眼睛发炎10人，总计31人；其余适合现役的265人，包括百夫长1人。

以上文字中展示的是罗马军团下属的一个大队（Cohort），可能是一个百

木质字板碎片上抄写的维吉尔《埃尼德》中的句子

文多兰达留存的4行速记文字残存字板

文多兰达留存的古罗马军力报告残存板片

人的队列。据木板文字显示，尽管比通常的10个百夫长少了4个百夫长，但它的编制已接近满员的800人。在登记在册的752名士兵中，只有296人在基地守备，并且其中只有264人适合现役。大部分的缺席者是在科布里奇（Corbridge，罗马名字或称之为科里亚，Coria）附近执行巡逻任务的分遣队，有337人；另有46人被派往该省担任了省长的警卫。这些警卫被指派给了一个名为费罗斯（Ferox）的人，他可能是驻守约克（York）的第九军团黑斯帕纳军（Hispana）的指挥官。

文多兰达木板文献的书写字体与书写格式

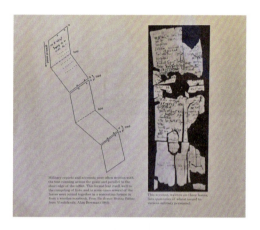

文多兰达留存的残存板片与书写格式

在文多兰达留存的诸多木板中，保留了不同的文字书写体，据统计有几百种之多，这为了解和研究公元1—2世纪前后罗马文字书写的发展历史提供了丰富的第一手史料。同时，这些木板文献可以用金属笔进行修改切割，成为世界文房四宝发展史中独具特色的重要书写工具。

文多兰达留存的木板文献主要以桦木和赤杨木为载体，上面用碳素墨水和羽毛笔书写。木板文献多数如明信片一般大小，有的只有明信片大小的一半。木板上书写的罗马字母大致是以宽边的板片水平排列，文字一般分左右两列，第一列在左边，第二列在右边，写完信函后，书写者会在板片的中心垂直划线，然后折叠起来，并在右边板片的背面写上地址（见上图）。有些板片边缘有切口，这样它们就可以合并在一起了。

古代档案残牍遗存

陈列的古代文献档案遗存中，有不少是涉及军事和家庭事务的档案，有一些是书写在残牍上的信函，其中包括公元95—105年间驻扎在文多兰达（Vindolanda）的第九编队巴塔维亚人（Batavians）的指挥官弗拉维乌斯·塞拉利斯（Flavius Cerialis）的3封信函。

第1封信函的内容是请求提供猎网：塞利亚勒（Cerialus）写信给埃利留斯·布罗库斯（Aelius Brocchus），向他索要猎网。作为当时罗马人流行的消遣方式，狩猎是获取食物的一种手段。

公元95—105年间书写在残牍上的信函（1）

公元95—105年间书写在残牍上的信函（2）

第2封信函是关于服装和家居用品库存的内容：除了桌子平面背后的3件物品外，所有的物品都是衣服，其中包括两种类型的斗篷，而士兵则常穿一种长而重的斗篷。一些衣服被描述为由

公元95—105年间书写在残牍上的信函（3）

布罗库斯提供，可能是第一封信中提到的被索要猎网的人。布罗库斯显然是当时堡垒的重要物资提供者。

第3封信函是要求购买衣服的内容：作为古罗马军队中的百夫长，克罗迪斯·素帕（Clodius Super）要求塞拉利斯给他管理的"男孩"（puerorum）送衣服，也许是给奴隶而不是孩子或士兵。这一要求得到了名为瓦伦蒂努斯（Valentinus）的官员的批准。当瓦伦蒂努斯从高卢（Gaul）返回时表明了这样一个事实，即作为罗马不列颠的官员、商人和许多其他居民，与欧洲大陆经常有联系接触。

克罗迪斯·素帕在信函中向塞拉利斯问好，他说："我很高兴我们的朋友瓦伦蒂努斯从高卢回来时正式批准了这些购买衣服的要求，我通过他问候你并请你给我寄一些我需要的东西，以便我的孩子们（boys）使用。这些东西包括6件斗篷、7件帕利奥拉（？）、6件束腰短袍等。你们很清楚，我在这里无法获取。因为我们已准备好孩子们的转移。祝你一切顺利！我亲爱的，我的主和兄弟。"

以上残牍档案的信函提供了公元1世纪前后驻扎在意大利的军队中的休闲娱乐、后勤供应的相关信息以及古代鸿燕往来的程式，也提供了当时档案信函所用的文献载体样式。

古代文献与古代文字

古代戒指和黏土及印章上的文字符号

在陈列的文物中，可以看到在古代戒指、印章和黏土球块上镌刻的文字和符号。在公元前1550—前1200年间的一枚金戒指上，刻有象形文字，含义为玛特（Maat）是两块土地中金色的一块，反映出古埃及文字在当时的塞浦路斯受人尊重的程度。戒指另一边的埃及符号则纯粹为装饰性的，但其中的3个Cypro-Minoan字母特征表明戒指出自塞浦路斯人之手。

戒指、黏土和印章上的文字刻符

与金戒指相同时代的黏土球块则给人以神秘感，上面刻有Cypro-Minoan字母标记，其功能尚不清楚。人们猜测，这些黏土球块上的刻符可能被用作当时的管理与核算；也可能被用作古代游戏的骰子，具有宗教或魔法的意义。

左图中两枚圆柱形印章中的右边一枚制作于公元前1900—前1600年间的美索不达米亚（Mesopotamian），为青金石材质（Lapis Lazuli），印章的主人名为特赫什塔赫（Teheshtahe），但从上面刻画的Cypro-Minoan的楔形字母分析，时间已过了很久，可能上面的刻印已属于新的主人。左边一枚圆柱形印章也是出自美索不达米亚，同样采用了Cypro-Minoan的楔形文字，但其制作的年代要稍微晚一些，约在公元前1200年左右。以上文物为研究古代文字及其载体提供了实物例证。

古希腊的文献载体与书写记录

在青铜时代（Bronze Age）晚期，约公元前2000年至前1400年间，当时的希腊居民曾使用一种书写系统，每个符号代表一个完整的音节；尽管这种语言文字的例子早已为人所知，但直到20世纪中期才被破解，当时使用的语言文字是希腊语的早期形式。尽管塞浦路斯（Cyprus）直到希腊化时期（Hellenistic）才有一种相关的音节书写形式，但从青铜时代到铁器时代（Iron Age）之间，这种语言文字似乎已经绝迹了。

约公元前600—前500年陶俑碑文上所刻的希腊文

希腊字母书写在青铜、石头和陶器等耐用的载体上得以保存。其中涂有蜡的木片可能是在早期使用的，用来记录临时性的相关信息或记录笔记。文字书写当时是用手写笔完成，手写笔的一端呈尖头，另一端有钝刀；书写者用尖头在蜡上刻字，然后用钝头擦掉字迹，留下可以重复使用的书写板面。

多样载体的古代希腊文献与书写记录展陈

古代书籍和永久性的记录多写在纸上，纸莎草纸不是像现代纸那样被切成薄片，而是呈卷轴状。从公元前2世纪开始，羊皮纸和动物皮制文献开始成为普遍流行的书写载体，并都采用钢笔和墨水完成文字的书写。

亚述巴尼拔图书馆收藏的楔形文字泥板石碑

亚述巴尼拔（Ashurbanipal，或译为阿树尔巴尼帕尔，？—公元前626年）曾于公元前668—前626年任亚述国王，建有著名的亚述巴尼拔图书馆。19世纪中期，这一图书馆在伊拉克北部尼尼微（Nineveh）王宫的废墟中被发现，内藏有两万多片写有楔形文字的泥板，其中有被称为亚述巴尼拔国王的洪水碑（见下图左）。这一被誉为"大洪水"的记录板曾出现在公元前2700至公元前2500年之间的《吉尔伽美什史诗》中，讲述了苏美尔英雄吉尔伽美什的传说故事，是不列颠博物馆最重要的藏品之一。2021年商务印书馆曾出版了由拱玉书译注的《吉尔伽美什史诗》，对此进行了较为详尽的翻译和介绍。泥板上楔形文字的记载与《旧约全书·创世记》中的诺亚方舟故事惊人地相似。1872年，当不列颠博物馆的助理乔治·史密斯（George Smith）第一次读到泥板上面的题刻文字时，他激动不已，兴奋地跳了起来，并冲出房间做出超常的举动，令在场的人都非常惊讶，可见这块泥板碑上的内容带给人的心灵震撼。这块洪水碑描述了众神是如何用洪水毁灭人类和世界的。乌特·纳比·吉尔（Ut-

公元前7世纪的洪水碑（左）与记载亚述王历史的泥板碑（右）

napishtim）是《创世记》中描写的一位人物，据说他是人类在经历大洪水后的唯一幸存者。当时他得到了神灵的秘密警告，要他建造一艘舟船以确保人类和动物的生存。在船只安全抵达亚述（Assyria）北部的尼齐尔山（Mount Nitsir）之前，鸟儿们被放生。这个故事的版本至少在1 000前就已经为人所知了。

另有一块楔形文字泥板碑（见上图右）则记述了亚述王亚述巴尼拔在埃及的战役；亚述巴尼拔在位期间曾于公元前662年远征埃及，破坏了其首都底比斯。

伊拉克巴比伦的居鲁士圆柱文献载体与文字记载

陈列的文物中有被称为居鲁士圆柱（Cyrus Cylinder）载体的文献，出自公元前6世纪中期的伊拉克巴比伦，即公元前550—前530年间统治伊朗的居鲁士（Cyrus，约公元前600—前529年）大帝统治时期，是波斯帝国创建之始的阿契美尼德王朝最著名的历史文献之一。圆柱载体上刻以楔形文字，并采用了楔形文字在传播中最重要的阿卡德文字，这是巴比伦和亚述的文字，曾作为当时西亚地区的通用文字被使用。内容描述了这位国王在公元前539年和平占领巴比伦的过程，以及他如何在那里重建主神庙；其中还提到居鲁士修复邻近城市的寺庙和宗教，并将被驱逐的人送回家乡，释放巴比伦囚房重返巴勒斯坦，加固了巴比伦的防御工事，修筑了护城河，并在城墙上安装了用铜和雪松木制成的门等方面的历史。圆柱体曾被安放在巴比伦城市的地基上。

公元前6世纪的伊拉克巴比伦居鲁士圆柱

居鲁士圆柱上的文字有这样的话语：我是居鲁士，世界之王，伟大的国王，合法的国王，巴比伦的国王，苏美尔和阿卡德的国王，四边的国王，坎比西斯的儿子……

居鲁士圆柱于1879年在巴比伦古城遗址被发掘出来。1971年，圆柱体成为伊朗庆祝君主政体2 500周年的中心装饰品。如今，这种圆柱文献载体已经出现在硬币、纸币和邮票上。尽管圆柱载体是一种巴比伦的文献，但它已成为伊朗文化特征的一部分。

青铜平板与牛肩胛骨上的语言文字

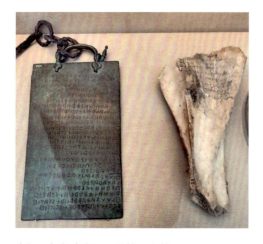

青铜平板与牛肩胛骨载体的文献

陈列文献中有一块青铜平板，上面有用奥斯坎语（Oscan）刻写的铭文，内容是关于不同神灵雕像的祭祀，时间约在公元前300—前100年间。铜板上的文字呈斜体状，据说来自阿格农（Agnone）或来自卡普拉科塔（Capracotta）。奥斯坎语是许多南意大利原住民的语言，它通常是以伊特鲁里亚文字的修改形式写成，就如同陈列青铜平板上刻写的文字一样。

与中国的甲骨文相类，陈列文献中也有源自埃及的俄克喜林库斯（Oxyrhynchus）的牛肩胛骨载体的文献，时间为公元4世纪后半期，上面文字记载的可能是有关征收税款的内容。

青铜碑和青铜镜上的文字记载

古希腊青铜碑（右）和青铜镜（左）的文献载体

陈列的各类文献的载体中也有青铜碑和青铜镜，上面均刻有文字。

在公元前4世纪的青铜碑上，用希腊文字刻有有关任命一位雅典公民担任"Proxenos"职务的内容，这一职务被认为是当时的外交代表，负责处理其家乡城市的事务。这一青铜碑出自帕拉埃奥波利斯（Palaeopolis）的古代科基拉遗址

（Corcyra）。

在约公元前250—前200年的一面青铜镜上，刻有"SUTHINA Etruscan"字样，意为伊特鲁里亚的墓葬品。这些文字刻在青铜镜的反射面上，这样就没有人想使用或偷走镜子。字母从右到左排列，这在伊特鲁里亚文字中很正常。生活在意大利半岛上的伊特鲁里亚人使用字母文字，近似古希腊文。公元前3世纪，伊特鲁里亚败于罗马，其领土被并入罗马共和国；至公元3世纪，伊特鲁里亚文字也受到了拉丁语的影响。

古代文献的特别载体

瓶罐、铜壶、陶片、泥板、陶球、邮票、木片等文献载体

古希腊的文献载体可谓丰富多样，除了以上提及的纸莎草纸、牛肩胛骨、陶俑、木牍、青铜邮票、铜板、铜碑、铜镜外，尚有瓶罐、铜壶、陶片、泥板、陶球、邮票、木片等。

古希腊瓶罐、青铜壶、陶片等文献载体

小瓶罐： 约制作于公元前625年的古希腊城邦科林斯（Corinth）并在那附近被发现，小瓶罐的功能是用于装油或香水。瓶罐的上部绘有一个女性的头部，旁边刻有"我是艾尼塔"的字样，在瓶身的周边则刻有9个男性的名字，这也许组成了这位女性艾尼塔所仰慕者的名单。

青铜壶： 约制作于公元前400—前200年的意大利中部的博尔塞纳（Bolsena），上面刻有"suthina"一词，意为坟墓之物，这一用语经常出现在伊特鲁里亚的随葬品中，如前面提及的青铜镜，当时的伊特鲁里亚人的文字书写开始使用一种经过修改的希腊字母。

陶碗碎片： 这一意大利黏土陶碗制作于公元1世纪早期的罗马，在碎片上有用希腊文印制的陶工名单，这些陶工是奥古斯都时代（Augustan）意大利中部城市阿雷佐（Arezzo）陶艺行业协会的成员。

泥板： 这一泥板文献约产生于公元前1400年（见下图左），出自克里特

古希腊泥板、陶球等文献载体

岛（Crete）的克诺索斯（Knossos），上面记录有运用线形"B"的音节脚本的文字，内容为在费斯托斯（Phaistos）的母羊和公羊库存。线形"B"是已知最早的希腊文字的书写形式，它曾被用于保存克里特岛青铜时代晚期克诺斯宫殿和希腊大陆迈锡尼（Mycenaean）宫殿的商业账户。

陶球：这两个陶土球产生于公元前1300—前1100年（见上图右），源自并制作于塞浦路斯的恩科米（Enkomi, Cyprus），上面刻有赛普罗·米诺安（Cypro-Minoan）文字的铭文。"赛普罗·米诺安"之名来源于与线形A脚本存在相似之处的克里特岛，然而这种文字至今尚未被破译。

刻有希腊字母的青铜邮票文献载体

青铜邮票：这一带有环形背的青铜邮票（见左中图），可能制作于公元1—2世纪的意大利。邮票上铭刻的希腊字母中有一个拉丁名字ANTONEINOU，同时在下侧则异乎寻常地刻有一个女性的名字P. OPILIAE SECUNDAE。这一邮票的确切功能尚不得而知，但它可能是用于在文件或布匹、食品等物品上盖章，相当于现在的邮戳的功能。

木片叶子：这是呈叶子状的4张木片（见左下图），也是作为古代的书写载体，制作于罗马时期，源自埃及的哈瓦拉（Hawara, Egypt）。

作为日常书写载体的"陶片文"

在古埃及，一些日常的私人信函、宗教文本、交易收据等通常书

古罗马木片叶子的文献载体

写在碎陶片上,这些文献载体被称为"陶片文"(ostraca)。在公元800年纸张发明并传入中东之前,纸莎草纸也曾被用作这类内容的书写载体。

碎陶片上的文字记载

展陈的碎陶片文物(见右图)源自公元800—900年的埃及,上面的文字是用墨水手写的,不属于正式的文字书法,只是在"陶片文"的案例中可以看到。

公元2世纪的墙面彩绘铭文与图案

在带有维吉尔标记的墙面彩绘上,有一幅公元1—2世纪的图案,源自英国的肯特郡(Otford, Kent)。作为建筑中楣的一部分,这是装饰别墅走廊墙面的存留图案;另有不完整的彩绘铭文,写着"两支长矛在手"(BINA MANVL),文句出自维吉尔的代表作《埃尼德》,这与上方残存图案中显示的一个拿着长矛的人影正有着内在的联系。墙面彩绘可以与维吉尔《埃尼德》中的两个段落相联系,一段是埃涅阿斯(Aeneas)探索迦太基(Carthage)周围的土地,另一段是图努斯(Turnus)乘坐战车与埃涅阿斯对抗。

墙面彩绘铭文图案与青铜笔夹

陈列的文物中,在墙面彩绘的右侧(见上图),还有一枝青铜的画笔夹,源自公元1—2世纪的伦敦墙(London Wall)。这一两头画笔夹为画家用来插存画笔,画笔的毛被藏封于笔夹的两头,一端呈细长的圆形,另一端则呈稍宽的阶梯状。

铜质陪审员票

在古希腊雅典,陪审员有一张铜质或木制的票,上面写着他的名字及部落的名字,并用一个字母来标识他属于10个陪审团成员中的哪一个。陈列

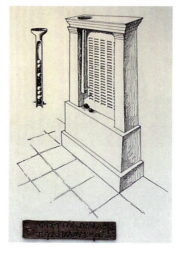

公元前4世纪的希腊铜质陪审员票

文物中的一张铜质陪审员票为公元前4世纪在希腊雅典制作,其上刻着阿里斯托德莫斯(Aristodemos)之子阿里斯托芬(Aristophon)的名字。

当时的陪审员是在最后一刻随机挑选的,以防腐败。那些申请服务人员的票被按照字母插入分配的"机器"(kleroterion)中(见左图)。机器的侧面是一个漏斗,两种不同颜色的球被放入漏斗中,白色代表接受,黑色代表不予受理,每排水平的票都对应一个球,陪审员的票按所在排是被接受还是被拒绝,这取决于每排球的颜色。这些球可能是通过简单的曲柄装置释放的。据说每个法庭的入口处都立着这样一对机器漏斗瓶座。

霍尔德吉特夫牧师的合葬树冠箱

在展示的死亡文献中,有一个与众不同的树冠箱,内中有关于古埃及霍尔德吉特夫牧师(Hornedjitef)合葬的故事。据碑文显示,霍尔德吉特夫可能生活在托勒密三世(前246—前222年)统治时期,是卡纳克神庙(Karnak)的祭司,也是许多其他宗教职位的负责人。在新的经典风格影响改变古埃及葬礼特征之前,这里表现了法老式高级葬礼发展的最后阶段,其中的纸莎草纸包含了《死亡之书》的标准文本。而奥里西斯(Ptah·Sokar·Osiris)神像雕塑和死亡之书文献将为死者提供更多神奇的保护。

在19世纪20年代,乔尼瓦·德·阿萨纳西(Giovanni d'Athanasi)作为英国领事亨利·索尔特(Henry Salt)的代表,曾在底比斯阿萨西夫(Thebes Asasif)的考古发掘中,发现了霍尔德吉特夫牧师下葬的合葬品,其中大部分主要的物品在1835年为不列颠博物馆从亨利·索

霍尔德吉特夫牧师合葬的树冠箱

尔特手中购得，这个树冠箱则被送到了荷兰的莱顿博物馆（Rijksmuseum van Oudheden），而一部分陪葬的纸莎草纸被送到了纽约的皮尔庞特·摩根图书馆（Pierpont Morgan Library）。

棺椁侧板上的文献记录

弗兰克斯（Franks）棺椁由鲸骨制成，颇为精致，可能制作于英国历史上的盎格鲁-撒克逊王国的诺森布里亚（Anglo-Saxon Kingdom of Northumbria），约公元700年左右发现于法国的奥松（Auzon）。这一鲸骨棺椁仿照早期的基督教棺椁制造，很可能是在修道院中为一位重要的人物（如皇室成员）而创制。

盎格鲁-撒克逊王国棺椁侧板上的图案与文字记录

棺椁侧板上有雕刻的图案，其中也有北欧古文字和拉丁铭文，内容广泛，包括日耳曼和罗马的传说、圣经以及历史事件等。棺椁制作所处的时代正是英国盎格鲁-撒克逊时期（Anglo-Saxon England），其时基督教尚未确立，棺椁上所雕刻的文字记载，反映了当时人们希望通过基督教信息的传播，以起到与人们记忆中的异教历史相联系的作用。

酒瓶碎片上的文字

公元4世纪酒瓶碎片上的文字

在一片古埃及酒瓶碎片上，保存了主要用希腊字母书写的古埃及科普特语（Coptic）文字（见左图），内容记载了公元321年6月2日，9辆推车装载的小麦被运到一家面粉厂研磨成面粉的过程。

这些推车上装载着40多个3个一组的阿尔塔巴（artaba）包装麻袋，运送了总计5 200多升的谷物，为人们提供了公元4世纪时埃及农业生产发展的相关信息。

经典文献展示

荷马史诗《伊利亚特》第一卷文字木牍遗存

在遗存文献的展示文物中，令人惊喜地看到了书写在木牍上的经典文献荷马史诗《伊利亚特》(*Iliad*)的墨迹文字（见下图），上方有一用于连接的把手，内容为《伊利亚特》第1卷第468—473行的诗句。文献残牍源自罗马时期的埃及，由英国考古学院于1906年10月在埃及获取并提供展览。

荷马史诗《伊利亚特》残牍

印度古代史诗《罗摩衍那》

印度古代经典《罗摩衍那》的叙事传统

早在公元前2世纪前后的印度古代梵文叙事诗《摩诃婆罗多》(*Mahabhasya*，或译为《玛哈帕腊达》)中，已提到了旅行故事讲述者使用彩绘画板的相关信息，但其故事的形成可以追溯至公元前10世纪初。

《摩诃婆罗多》与《罗摩衍那》(*Ramayana*，亦译为《腊玛延那》)被誉为印度的两大史诗，后者的梵文文本描述了神圣的王子罗摩的冒险经历。展陈的《罗摩衍那》文献形成于公元1800年前后。如同中国古代先秦的一些经典文献一样，《罗摩衍那》的原创性内容也是通过口耳相传留存于世，形成了由54个场景、24 000颂（一颂两行）

组成的叙事系统，描述了包括Gazi和Manik两位在内的所创造的奇迹般的圣徒故事；像这样的虚拟形象被用作如同戏剧表演的视觉道具，而印度教的形象也贯穿于整个故事，反映了当时印度孟加拉邦宗教与文化传统中兼收并蓄的特点。

古代的阅读与阅读推广

红色水罐酒罐上所绘古代希腊不同的展卷阅读场景

在公元前5世纪前后所制作的多个红色水罐上，均出现绘有古代妇女展卷阅读的情景，为人类的阅读史提供了生动的文物史料。

古希腊不同的展卷阅读情景

各水罐或酒罐在罐身上所绘的古人展卷阅读情景，主角和环境各有相同，既有女诗人的阅读，也有一般女性的阅读，还有男孩的阅读；而每个罐身所展示的阅读环境也有所差异。

有一水罐（见上图左）制作于公元前450年左右古代雅典罗得岛的基萨拉（Kimissalla, Rhodes）。所绘场景中，有一位坐着的女诗人在阅读，双手捧持展开的纸草卷轴，左右还有3位站着的女侍从。这位坐着的女诗人被认为可能是著名诗人萨芙（Sappho，约前630—前570年），她作为古希腊抒情女诗人，其诗作带有忧郁感伤的情调；尽管其诗作仅存阿芙罗蒂颂歌等某些残篇，但在她去世两千多年后,其献给爱和美的女神阿芙罗蒂的颂歌等诗篇以及对女性爱情和欲望的表达仍在激励着读者。

另一水罐(见上图中)则制作于公元前440年左右的古代雅典,比前一水罐制作的时间稍稍晚些。此件文物据说来自诺拉(Nola),所绘场景中,同样有一位坐着的女人在阅读,也是双手捧持展开的纸草卷轴,但旁边的女侍从只有1人,与前一个水罐上的阅读主角的地位显然不同。从水罐所绘场景中可以了解到,在古代雅典,女诗人可以阅读,其他女性同样可以阅读,尽管她们可能并没有受过学校的教育,但她们依然有阅读的可能和习惯。

还有一酒罐(见上图右)制作于公元前440年左右的古代雅典,据说来自意大利中部城市维泰博(Viterbo),罐身上的绘画被认为是出自画家舒瓦洛夫(Shuvalov)之手。画中展示了一个男孩正坐着阅读,双手捧持展开的纸草卷轴,旁边另一站立的男孩则拿着古希腊七弦竖琴。阅读男孩所持纸莎卷轴上的希腊文字可能是一首七弦琴伴奏的诗歌,说明古代阅读环境中已有音乐伴奏的氛围。

体现古代经典文献创作的纸莎草残纸手稿本

在诸多古代文献展品中,有一反复7次书写同样内容的纸莎草残纸,出自公元1世纪的埃及哈瓦拉(Hawara),反复书写的内容为维吉尔(Virgil,公元前70年—公元前19年)的《埃涅阿斯纪》(*Aeneid*)第2册第601行,这是维吉尔现存最早的两份手稿之一(见左图)。重复7次的书写很可能是作者对于创作的经典文字的深度思考。

《埃涅阿斯纪》是古罗马作家普布留斯·维吉留斯·马罗(通称维吉尔)创作的一部史诗,或译为《伊尼德》。全诗12卷,共9 896行,被誉为文人史诗的发端,对但丁等作家均产生过重要影响,维吉尔因此成为继荷马之后最重要的史诗作家,其代表作《埃涅阿斯纪》也跻身古代经典史诗之林。

维吉尔《埃涅阿斯纪》纸莎草手稿本

20世纪初体现在瓷盘上的阅读推广

各国的瓷盘上有内容各异的图案设计，但涉及阅读推广主题的并不多见；在一个1920年设计制作的瓷盘上，我们就看到了这一主题的内容。这是1917年前彼得格勒国家瓷器厂（State Porcelain Factory, Petrograd）生产的瓷盘。在瓷盘底部和边沿的空白处，绘有各类开本与装帧的图书与书写的笔，还有象征苏维埃共和国的锤子和镰刀，并附有这样的俄文阅读推广语："知识在你的脑子里意味着食物在你的肚子里。"将瓷盘的食具功能与阅读推广有机地融合在了一起。

瓷盘上用俄文写着：知识在你的脑子里，食物在你的肚子里

这一瓷盘图案的设计出自设计师鲁道夫·薇尔德（Rudolf Vilde，1868？—1942）之手。这为研究世界阅读推广史与文献载体提供了新的视角。

中南亚与东亚文献

16—18世纪的中南亚图册文献

在展示的各类文献中，参观者可以看到一本翻开的图册，内中有装帧精美的书法和绘画作品。这些作品时间跨度较大，其中的书法作品创作于16世纪乌兹别克斯坦的布哈拉（Bukhara），绘画则创作于18世纪中期的印度莫卧儿王朝（Mughal），而图册本身则编撰于18世纪后半期的印度。

16—18世纪中南亚图册文献中的书法作品和历史故事

在以上打开的图册文献中,左侧是一幅16世纪波斯的书法作品,有16世纪赫拉特(Herat)著名的书法家米尔·阿里(Mir Ali)的签名,他在帖木儿王朝(Timurid)和萨法维王朝(Safavid)都很活跃。与这本印度图册中的诸多对开页面一样,右侧的绘画作品与左侧的书法作品相呼应。图册右边的绘画同时描绘了传奇英雄鲁斯塔姆(Rustam)故事中的两个不同的场景:上面的场景中,鲁斯塔姆穿着虎皮胸甲和豹皮头盔,和他的妻子塔米娜(Tahmina)坐在一起尽情享用美食;下面的场景中,塔米娜抱着他们死去的儿子苏赫拉布(Suhrab),他在战斗中与鲁斯塔姆相遇,并被杀死。鲁斯塔姆并不知道自己有一个儿子,当他发现多年前自己离开妻子时送给她的臂章时,才明白苏赫拉布是自己的亲生儿子。以上故事出自10世纪末波斯伟大诗人菲尔多西(Firdawsi,公元940—1020年)所创作的长篇史诗《列王纪》(Shahnama)。这部波斯史诗在印度和伊朗同样受到欢迎。

17—20世纪的日文文献

在展陈的文献中,也有一些日本(日语)的历史文献。

17世纪末18世纪初的日文版《芥子园画传》

《芥子园画传》 此书或名《芥子园画谱》,是中国著名的绘画技法图谱,有清康熙十八年(1679)木版套色印本,又有嘉庆二十三年(1818)合刻本以及光绪年间的上海石印本等。

陈列的文献为《芥子园画传》第一部日本版。这一文献的文字介绍中说:本书是17世纪末至18世纪初从中国引进的,这是一本极具影响力的绘画指南,促进了中国式的写实主义、文人画和彩色木刻印刷的发展。

《唐土名胜图绘》 日本学者冈田玉山(1737—1812)等绘编,于日本文化二年(1805)刻成,全6卷,依据从中国引入的各类文献绘编而成,适应了当时日本读者对中国文化的浓厚兴趣。时值清代嘉庆年间,图绘的内容包括了历代帝都、皇城、内城、外城和苑囿以及郊区、顺天府、天津府等的图景和说明文字，形象地描绘记载了北京、河北和天津等地的宫廷建筑、祭祀宴请、风俗沿革等，成为中日文化交流史上的珍贵图集。

陈列文献（见右上图）翻开的页面，正是北京紫禁城《午门内九重殿门之图》中的太和门和太和殿。

《伊势物语》嵯峨本　陈列的《伊势物语》为嵯峨本，即最早的初版本（见右中图）。这一日本文学经典成书于公元900—1000年间，这一印本体现出活字印刷的萌芽，由数以百计的小型雕版组合而成，需要花费大量的印制劳力；有的小型雕版仅用一次，又不太适合复制当时日本读者喜欢的书写风格，故此后出版商重新开始使用整版的木刻印刷方式。

《武士百将图》　歌川国芳（1798—1861）绘。歌川国芳是日本江户时代浮世绘歌川派晚期的大师之一，有诸多武者绘和美人绘的作品，代表作有《浣女》等。他曾根据中国《水浒传》108位梁山好汉的性格特征，用日本的绘画风格予以刻画呈现，极富特色与艺术震撼力。

在《武士百将图》中，歌川国芳通过所绘武士形象勾勒了从远古时代至1500年的日本武士生活。展开的图页中（见右下图）表现了日本武士袭击伪装成美女并计划杀死他的恶魔的场景，画面中的曲线表示武士舞剑的动作。从中国古代经典文学作品的视角观察，歌川国芳的武士绘画作

1805年日本学者冈田玉山等绘编《唐土名胜图绘》

日本《伊势物语》嵯峨本

日本浮世绘大师歌川国芳所绘《武士百将图》

品，体现出中国古代文学经典《水浒传》在日本的传播与影响力，这种影响力不仅表现在语言文学领域，也反映在绘画艺术领域，成为中国经典域外影响的一个典型案例。

《11:02-长崎》 这是日本摄影师东松照明的摄影集。东松照明（Shomei Tomatsu，1930—2012）被誉为第二次世界大战之后的写真巨匠。

《11:02-长崎》中展示的长崎原子弹爆炸幸存者

1945年7月16日，美国进行了世界上首次原子弹试验；20天后的1945年8月6日，美国的一枚原子弹摧毁了日本广岛市；3天后的8月9日11时零2分，又一枚原子弹在日本长崎市上空爆炸，造成了巨大的人员伤亡。东松照明于1966年出版的《11:02-长崎》摄影集中展示了一位名为片冈利代（Kataoka Ritsuyo）的女性幸存者，原子弹的核辐射给她留下了永久的伤痕（见上图）。原子弹爆炸时，片冈利代正被动员在一家军工厂工作，当时她年仅24岁，并推迟了婚期，尽管曾受到过约30次求婚。战后她在去上班的公交车上，遇到一些学生们私下议论她脸上的瘢痕疙瘩，他们并不知道战争究竟给人们带来了多大的身体与心灵创伤。

女孩漫画《阿松》 这是日本漫画家赤塚不二夫（Akatsuka Fujio，1935—2008）的代表作之一。作者出生于中国，《阿松》（*The Secrets of Akko-chan*）这一漫画作品集曾于1962年起连载在《Ribbon》漫画期刊上，成为一部具有开创意义的女孩漫画。

漫画集中的主人公是一位女学生，她的魔镜可以将她转变成任何人。在展品翻开展示的这一集中（见右图），主人公的弟弟和她的朋友们装扮成妖精来吓唬她，但她很快就把自己变成了各种鬼魅般的女人，反而让装扮者们陷入了恐慌。

值得一提的是，赤塚不二夫在日常的

日本漫画家赤塚不二夫代表作《阿松》

艺术生涯中，时或去东京新宿的娱乐区喝酒，作者对漫画的创意正是在与编辑和工作团队成员的头脑风暴中萌发的。

1948年6月15日《人民日报》创刊号

在展陈的文献中，笔者惊喜地发现有1948年6月15日的《人民日报》创刊号。《人民日报》在河北省平山创刊，当时这里已是华北解放区。创刊的《人民日报》作为中共中央华北局的机关报，在创刊号的头版新闻中，有晋冀鲁豫、晋察冀南大解放区合并的报道，题为《华北解放区正式组成》，还有作为

1948年6月15日《人民日报》创刊号

创刊词的社论《华北解放区的当前任务》；其时正是中国人民解放战争三大战役（1948年9月—1949年1月）的前夕。1949年3月，《人民日报》社迁至北平（今北京），同年8月1日起成为中共中央机关报。

本书作者王世伟（左二）在不列颠博物馆偶遇大学同学顾树华（左三）及其先生

上图展示的《人民日报》创刊号有如下文字说明："在经历了激烈的内外战争之后，中华人民共和国成立，毛泽东（1893—1976）作为其主要领导人。……1948年6月15日，《人民日报》正式发行，作为中国共产党的官方声音发行，它的报名是由毛泽东手写的。头版是庆祝在中国共产党控制下的华北解放区成立。这一活动以及《人民日报》的发行，预示着中国共产党将战胜中国国民党，并于1949年建立中华人民共和国。"《人民日报》的创刊号成为中国现代报刊发展史上的重要实物文献。

不列颠博物馆中的部分文物展示

不列颠博物馆位于伦敦市中心的西北角,在贝德福特广场(Bedford Square)东侧,罗素广场(Russell Square)的南侧,布鲁姆斯伯里圣乔治教堂(St George's Bloomsbury)的西北侧,免费参观;但每天参观人数甚多,需要排长队经安检入内。下面列举部分关于展示文物的参观心得,大致以历史年代为序。

有帆的彩绘木船模型

在展陈文物中,有一艘彩绘的木船模型十分生动,船上绘有11人,坐得整整齐齐,如同当今的赛船架势。据展品文字介绍,这是古埃及第12王朝时期、约公元前1985—前1796年间的文物,距今已有约4 000年的历史,但文物的具体出处已不得而知。

与《死亡之书》性质相同,木制船模也与墓葬相关。这些木制船模从古埃及的新王国末期(约公元前11世纪)至公元12世纪中期,经常集中地出现在一些坟墓中以及此后的墓葬中。有两个木船模型提供了一些关于古埃及船的设计和导航的信息。如一个木制船模中有船桨推进的装置,以导航向北航行;另

有帆的彩绘木船模型(约公元前20—前18世纪)

一个木制船模中则由帆导航，迎着盛行的南风航行。当时人们相信死后到达天国，那里有着许多水道和运河，因此在阴间需要小船外出；而《死亡之书》中的咒语也表达了相同的含义。

青铜时代早期的雕刻石板与铜斧和匕首

陈列文物中有一块石雕，时间为约公元前2100—前1500年青铜时代早期，源自英国多塞特郡（Dorset）的巴伯里（Badbury）。这是一块装饰过的石块的一部分，于1845年在一被破坏的坟丘上发现。石雕上可以看到两把有柄匕首和两把三角形斧头，还可以看到简单的杯形纹章，这是一种从新石器时代晚期至青铜时代早期的石雕上可以经常发现的图像标记。斧头和匕首都是具有不同含义的重要物品，寓含着重要的信息。斧头通常被单独存储或存放在储藏室中，在欧洲大部分地区，很少被埋在坟墓中；匕首则在青铜时代早期经常与死者被一起埋葬。斧头和匕首偶尔被埋在一起是一个打破常规的做法，反映出不断变化着的丧葬文化习俗。

英国青铜时代的雕刻石板、铜斧、铜匕首

上图石雕右侧展陈的以青铜材质制成的大扁铜斧和青铜匕首令人印象深刻，它们均为青铜时代早期的文物（约公元前1700—前1500年）；这些工具和武器主要是为了展示，而不作实际的使用，但体现出这些物件的原始功能和拥有这些工具和武器的主人的社会地位。带金属柄的短剑在英国并不常见，出自英国的泰晤士河；在上图展陈的巴伯里石雕上，还可以看到类似的匕首雕刻形状。陈列的匕首为人们提供了将精良的武器送入水域灵界的早期案例。

动物木乃伊

在3 000年前，也就是公元前第一个千年中，世界上存在着宗教活动中的动物崇拜现象，这种现象在托勒密和罗马时期（公元前305年之后）发展到了顶峰。古埃及人（Egyptians）并不崇拜动物本身，而是将动物视作神灵的中介。一些动物在寺庙里饲养，死后被制成木乃伊。每一群神圣的动物都有自己

古埃及的动物崇拜与动物木乃伊

的牧师、饲养员和防腐人员。朝圣者花钱为神圣的动物做防腐处理,以此表达他们对上帝的虔诚。

在许多宗教中心都发现了大型墓地,里面有大量动物(包括鸟类)的木乃伊,供奉着当地的神灵。地下墓穴的成群动物中数量最多的是猫(与女神巴斯泰托相联系)和朱鹮(代表作为智慧神和月亮神的托特神)的木乃伊。经过对猫木乃伊进行X光照射,显示有些木乃伊是被故意打断脖子的。由此可据以了解数千年前动物宗教崇拜的文物实体具象。

红色陶罐所呈现的献祭伊芙琴尼娅场景

在陈列的文物中,有多件红色蜗形陶罐,其中有一件的制作时间约为公元前4世纪(公元前360—前350年),制作地点在意大利西北海港阿普利亚(Apulia),是用作调酒和盛水的器皿。这件文物为杜兰德(Durand)于1865年收藏,出自意大利南部的巴斯利卡塔地区(Basilicate)。

伊芙琴尼娅(Iphigeneia)是希腊神话中迈锡尼王阿伽门农(Agamemnon)之女,因她的父亲冒犯了狩猎女神阿尔忒弥斯,受到报复后战船无法开行,只

公元前4世纪献祭伊芙琴尼娅的场景

约公元前5世纪的酒罐上勇士的标准装备

有在伊芙琴尼娅作为牺牲的情况下船队方可启航，伊芙琴尼娅的父亲阿伽门农只能答应。上图的蜗形陶罐上生动地呈现了古代祭祀的场景：阿伽门农在圣坛前献祭伊芙琴尼娅，以便为希腊舰队争取有利的风向。有趣的是，由于刻画场景中有卤虫的介入，将伊芙琴吉尼娅变成了一头鹿。这一红色蜗形陶罐为伊芙琴尼娅的神话传说提供了文物绘画的叙事载体。

与描绘献祭伊芙琴尼娅的陶罐记载神话故事场景相类，另一红色酒罐则记载了勇士出发参加战斗的图景。这个酒罐约制作于公元前5世纪（前450—440年）希腊的雅典，其上的绘画图案被认为是阿基里斯（Achilles）画家所创作，展示了一位勇士在出发前正在与左边的长者握手道别，而右边的女士则手持着送别勇士的酒碗和小酒壶。这位勇士身着标准的色雷斯式（Thracian type）步兵重装，包括硬质亚麻制成的重装胸甲和防护短裙，以及翼盾、金属护圈和头盔等。

戴着精致花环的古代伊达里昂人物塑像

陈列文物中有一人物塑像很有特点，被认为是公元前5世纪（公元前450—前425年）古代塞浦路斯艺术的代表，显示出宗教的力量。塑像人物戴着精致的花环，是作为受人崇拜的对象，融合了古代希腊和波斯的服饰和头发，并结合了当时石灰石雕刻祈愿形象的传统。这尊人物雕像原来被供奉在今塞浦路斯南部达利附近的伊达里昂（Idalion，或译作伊达利厄姆）城中一个重要的圣殿避难所里。这里受人崇拜的当地神后来被认定为希腊人阿波罗（Greek Apollo）和腓尼基人（Phoenician）雷舍夫（Reshef），他经常穿着狮皮，挥舞着棍棒，保护人类免受自然力量的伤害。

右图人物塑像的大型尺寸和雕刻质量的上乘，表明塑像人物拥有巨大的财富和崇高的社会地位。关于其具体的社会政治地位有多种猜测，或认为是统治王朝的一员，甚或是国王本人；而从作为主要被崇拜的对象分析，他也可能是大祭司。塑像原来存放的圣殿是古希腊王国伊达里昂的主要祭祀场所之一（Greek-speaking Kingdom

古塞浦路斯戴着精致花环的人物塑像

of Idalion）。公元前450年左右，伊达里昂被征服后，新的统治者尊重当地的神殿，并在那里献祭，包括这尊人物塑像。

手持卷轴的非洲陶俑

手持卷轴的坐姿陶俑

中外陶俑有很多，但手持卷轴的陶俑很难得，特别是出自非洲的陶俑。这一陶俑制作的时间约在公元前300—前200年，地点在阿普利亚（N. Apulia）。陶俑呈坐姿，左手持卷轴，右手做着手势，似在向人们讲述对所阅卷轴内容的体会和感悟。这一文物由威廉·坦普尔爵士（Sir William）遗赠，曾在1865年时藏于Gnathia。

这一陶俑还有一个非同寻常之处，即它不是用模具制作的，而是直接用手工制作，洵为独一无二之文物。

手持祭酒碗的斜躺者

在一个骨灰缸上，有一尊雕刻人物，他斜躺在骨灰缸的盖板上。雕像来自公元前200—前100年的伊特鲁里亚（现为意大利）的丘西（Chiusi），这是意大利中部托斯卡纳大区锡耶纳省的一个市镇。

雕像人物穿着披风，戴着花环和戒指，右手持有一个饰以浮雕图案的祭酒碗，仰头向上，其场景被认为是代表了厄特克勒斯（Eteokles希腊神话中的底比斯国王）和波吕涅刻斯（Polyneikes，为俄狄浦斯和伊俄卡斯忒的长子）的死亡。其原因尚无法解释，但可以让人们了解伊特鲁里亚的传奇。雕像所躺的缸盖边沿的铭文写着：韦尔·乌姆拉纳（Vel Umrana），阿纳斯之子（son of Arnth）。

手持浮雕祭酒碗的斜躺者

穿着无袖连衣长裙的青铜青年女子塑像

在一个高大的玻璃展橱中,有一位青铜青年女子塑像,她可能是女祭司,也可能是女神。她穿着希腊风格的无袖束腰连衣长裙,配上胸部的衣带,即便在今天看来也十分时尚。连衣裙褶皱的纹路起伏流畅,细长的脖子上和双手手腕上分别戴着项圈和手镯,与人物双手伸展的姿态形成了整个塑像的动态感,而屈伸有致的右手五指如同中国戏曲人物中的动作造型,给人以优雅的美感。

身着无袖连衣裙的青铜女子塑像

从塑像的英文标题看(Bronze votive statue of a young woman),这是一尊表现还愿或奉献的青年女子塑像,通过其肢体语言,多少能够使人体会到塑像制作的旨意。

这尊青铜塑像来自古罗马时期、今天意大利中部的托斯卡纳地区(Etrusco-Latin),约制作于公元前200—前100年,曾安置于托斯卡纳地区内米(Nemi)附近的戴安娜神庙(Diana)。Nemi源自拉丁文Nemus,意为树林,古代的戴安娜神庙曾坐落在那里;戴安娜是掌管树林中一切的狩猎之神,如今的湖畔内

公元1世纪的身着长袍的男子铜像

身着紧身衣和斗篷的女俑

非洲杂技演员的人鳄石雕

米小镇和山中之内米湖即因此得名,内米小镇已发展成为意大利著名的旅游小镇。

在展陈的文物中,也有来自罗马的男子铜像,如公元1世纪穿着长袍的男子铜像。与前面的青年女子铜像稍有不同的是,这位男子是左手向前伸展,右手下垂,身着长袍,当神父献祭时将把长袍盖在头上。

与前面介绍的青年女子铜像的材质不同,展陈文物中有一个身着紧身衣和斗篷的女性陶俑,但她同样穿着希腊风格的无袖束腰连衣长裙,胸部也配有衣带。这一陶俑制作于公元前3世纪的古希腊城邦维奥蒂亚(Boeotia),来自古希腊的塔纳格拉村(Tanagra)。

人鳄石雕

一座狭长竖形的大理石雕像为人们展示了一位非洲杂技演员在鳄鱼背上表演潜水的场景。这一人鳄石雕的年代约在公元前1世纪,雕像展示的可能是埃及坦翠塔(Tentrytae)部落的一名成员,他因在尼罗河中的鳄鱼背上进行潜水表演而闻名。

这座人鳄石雕于公元前58年首次在罗马展出时,受到了观众的喜爱。石雕的主角、那位非洲杂技演员生前在竞技场表演,身后在人鳄石雕上获得了永生。

飞翔的古罗马胜利女神

这尊古罗马的胜利女神制作于公元50—100年,名为耐克(Nike)胜利女神,

准备为冠军加冕的胜利女神

翅膀展开，姿态呈在半空中盘旋状，右手伸出花环，似准备为冠军加冕祝贺。

奥林匹克竞技运动会起源于公元前776年，这是希腊纪年之始，这样的竞技运动会在希腊伯罗奔尼撒半岛伊利斯境内的奥林匹亚每4年举行一次。这尊飞翔的胜利女神塑像，正是奥林匹克竞技运动会创始数百年之后的艺术创作，为人们了解奥林匹克竞技运动发展史提供了形象的文物史料。

象征神灵保护的青铜铃铛与青铜蛇像

展陈文物中有一长有翅膀并持有4只铜铃的青铜狮，出自公元1世纪的罗马。古人将这样的物体悬挂在住宅的花园中，使铜铃在风中叮当作响。古人相信，长有翅膀的狮子能够运用魔法为人们提供保护并抵御邪恶，从而为家庭带来好运。

展陈文物中还有一条长长的青铜蛇，昂首向上，长着胡须，出自公元1世纪的罗马。这种类型的蛇作为当时的地方保护神，许多家庭的神龛上均有这样的画像。

无论是长着翅膀的狮子还是长着胡须的蛇，都体现了古罗马时期的动物崇拜，为人们提供着精神的慰藉和保护。

体现抵御邪恶与带来好运的青铜铃铛

作为地方保护神的青铜蛇

公元4世纪马赛克地板上的基督镶嵌画像

在多塞特郡（Dorset）辛顿圣玛丽别墅（Hinton St Mary）的中央圆形马赛克地板上，保留有公元4世纪的基督画像，这是罗马帝国最重要的早期基督教

37

公元4世纪马赛克地板上的镶嵌画与字母

遗迹之一，也可能是已知较早的马赛克基督镶嵌画。别墅主卧室的焦点位置通常为异教神或女神的形象，而这一镶嵌画像头部后面的希腊字母X和P，表明画像的主人公很可能是基督。X和P是希腊语"基督"一词的前两个字母，这两个字母符号通常也作为早期基督教的象征，头像两边的石榴则意寓不朽。

在主马赛克的角落有4个头像，这个位置经常被赋予四季或风的拟人化；在这里，这4个头像可能是《马太福音》(Matthew)、《马可福音》(Mark)、《路加福音》(Luke)和《约翰福音》(John) 4位福音书的作者。这幅镶嵌画构成了别墅两个相连的房间的地板。在较小的房间里，镶嵌画的中心场景是异教英雄贝勒罗丰 (Bellerophon)，表现出强烈的三头颅的嵌合体，这也许象征着三位一体的概念，表示正义战胜邪恶。

中世纪的国际象棋

国际象棋是全球较为通行的棋种，是集策略和技巧于一体、促人构思的体育游戏，相传起源于印度，先后传入阿拉伯地区和欧洲，流传过程中几经变革。这里展示的国际象棋是中世纪（拉丁文为medium aevum，约公元5—15世纪）留存之物。

中世纪的国际象棋

据介绍，在中世纪，国际象棋被用来提高骑士的战术能力，这种弈棋术与骑马、游泳、投枪、打猎、吟诗、击剑等被视为当时的7项骑士技能之一，但当时教会明确禁止神职人员下棋，直到13世纪左右才逐渐放松了此项禁令。当时弈棋不受性别限制，男性和女性均可在一起下棋，而这种弈棋也与中世纪的男女爱情诗联系在了一起。

体现东西方文化交流互鉴的银质托盘及宝石底座

在近代印度历史上，文化的研究与传播往往在英国殖民官员、基督教传教士和东方学学者间进行。在印度的英国人对文化艺术的需求，对印度艺术家产生了重要影响，如印度艺术家模仿借鉴欧洲文化要素，亦以线性透视方法和现实主义作为艺术创作的主题，从而满足了在印度的英国人的文化需求。

19世纪末印度的银质托盘

右上图展示的这件19世纪晚期的银质托盘，其外形和功能体现了英国文化及习俗的风格，表现出英国风味，但其上的图案则融入了印度文化的主题，如托盘上的印度古代梵文史诗《罗摩衍那》的8个场景，生动地讲述了罗摩王子的冒险经历。东西方文化在这个托盘上得到有机融合。

公元13世纪初，在印度曾形成了一种独特的建筑风格，其中融合了某些波斯元素和印度本土的图案。16世纪晚期，葡萄牙人通过果阿港口将烟草从美洲带到了印度。右下图展陈的莫卧儿胡卡底座（Mughal huqqa）由软玉石制成，镶嵌着

18世纪印度的宝石底座

各种色彩的宝石。Huqqa是一种烟斗，通过它可以用浓郁的香水将烟草生抽熏制出来。

自1987年起担任不列颠博物馆东方部主任的杰西卡·罗森（Jessica

不列颠博物馆东方部主任杰西卡·罗森（Jessica Rawson）[图片来自《人民日报》（海外版）]

Rawson），是一位研究中国艺术与考古的汉学家，曾担任牛津大学墨顿学院院长、牛津大学副校长，为英国国家学术院院士，也是故宫研究院顾问、北京大学名誉教授、中国美术学院视觉中国研究院院士。其著作被译为中文的有《中国古代的艺术与文化》（北京大学出版社）、《祖先与永恒》（生活·读书·新知三联书店）、《莲与龙：中国纹饰》（中国书画出版社）等。

英国国家美术馆陈列艺术品中展现的文献与阅读

创建于1824年的英国国家美术馆于2024年迎来成立200周年纪念。2023年1月至5月,英国国家美术馆珍藏展"从波提切利到梵高"在上海博物馆隆重展出,这是"对话世界"文物艺术大展系列中的艺术展之一,成为中西文化交流互鉴的一件盛事。英国国家美术馆馆长加布里埃尔·费纳尔迪(Gabriele Finaldi)在展览前言中写道:"2023年,英国国家美术馆收藏的一系列绘画杰作将在亚洲各地巡回展出,首站是上海博物馆,这也是我们在中国大陆第一次办展。"[1]这不仅让笔者回忆起2019年7月在英国伦敦参观英国国家美术馆的情景。出于专业的兴趣与好奇心,当时在参观过程中针对所陈列的绘画作品所展现的文献与阅读的场景主题进行了许多重点欣赏和数以百计艺术画作的拍摄留存。本篇试图以这些所拍摄的专业场景照片和观赏心得为基础,参考英国国家美术馆的现场导引、艺术品说明、网站上发布的相关信息以及专业书籍中的相关论述,从文献与阅读的视角切入,进行一些初步的分类阐述和专业分享。

英国国家美术馆及展陈布局

英国国家美术馆(The National Gallery)位于伦敦特拉法加广场(Trafalgar Square)正北侧,与特拉法加广场仅一街之隔,与同在正北侧的国家肖像美术馆相邻,是伦敦文化旅游的热点之一;作为世界上最负盛名的艺术博物馆,馆中收藏有2 300多幅欧洲的传世经典名画作品。

---

[1] "从波提切利到梵高:英国国家美术馆珍藏展"开幕,上海博物馆推出"对话世界"文物艺术系列大展第二展[EB/OL]. [2023-02-03] https://www.shanghaimuseum.net/mu/frontend/pg/article/d/I00004559.

16世纪前期的画作《大使》（1533）与欣赏的观众

美术馆共分为5层：0层有画廊、主商店、咖啡吧和衣帽间；1层设有餐厅和会议室；2层为主楼层画廊，也设有商店，有展室2—66，并辟有展室1和专门的Sunley展室以及教育中心；负1层为剧院；负2层为Sainsbury Wing展览厅以及剧院入口。在2层主楼层画廊所设的66个展室中，展品涵盖了从13世纪至20世纪上半期700多年中欧洲艺术发展史上的代表作品，展陈大致按年代分为4个展区：一是公元1200—1500年（展室51—66），陈列有贝里尼、凡·爱克、皮耶罗、拉斐尔、乌切洛等的作品；二是公元1500—1600年（展室2—14），陈列有提香、荷尔拜因、布隆基诺、马赛斯、委罗内塞等的作品；三是公元1600—1700年（展室15—32），陈列有维米尔、委拉斯开兹、伦勃朗、鲁本斯、凡·代克等的作品；四是公元1700—1930年（展室33—46），陈列有特纳、康斯特布尔、斯塔布斯、莫奈、梵高、瑟拉等的作品。另有0层的画廊A—F，陈列有斯特罗齐、韦内尔、梵·海以森等的作品。除以上的常设展外，馆中另有一些临时性的主题展。2019年7月27日笔者参观时，正在展出的临时展览有"海星：肖恩·斯库利在国家美术馆"（Sea Star: Sean Scully at the National Gallery）、"巴特洛梅·由贝尔梅霍：西班牙文艺复兴大师"（Bartolome Bermejo: Master of the Spanish Renaissance）。

英国国家美术馆商店

从空间布局看，英国国家美术馆可分为东西南北4个侧翼，其中东翼（East Wing，或称为东馆）主

英国国家美术馆陈列艺术品中展现的文献与阅读

要展示18—20世纪的画作（1700—1900），这里陈列有庚斯博罗、康斯特布尔、特纳的作品，特别是梵·高、雷诺阿、莫奈等印象派和后印象派的画作，吸引参观者慕名前往。常设展和临时展的内容是如此丰富，数量众多的经典原作让人大饱眼福，令许多第一次观展的到访者激动不已。我们在馆中看了整整一天，下午3点在馆中吃了简餐并稍作休息，餐后继续观展，一直看到6点关门。在观展的过程中，出于专业的兴趣，我们特别留意了画作中与文献和阅览相关的内容。

在展陈的各类绘画作品中，有不同的文献档案类型，包括图书（写本、抄本、稿本、印本等）、条幅、卷轴、石碑、便笺、教材、处方、遗言、书信、税单、契约、笔记本、祈祷书（时辰之书）、图片绘画、法律文书，还有被称为"奇特艺术"的文献以及空白纸张等，更多的是《圣经》等经典文献。

抄本与写本

由意大利画家杜乔（Duccio，活跃于1278年，卒于1319年）于14世纪初期（1307/8—11）创作的《天使报喜》（The Annunciation）画作（下图左）中，描绘了正在阅读《旧约》经文的圣母，而天使加百列的出现使圣母的阅读被中断；加百列左手拿着白色的法杖，右手祝福圣母并向圣母宣布她将被以鸽子为代表的圣灵造访并怀育上帝的儿子，而天使的这些话被写在圣母打开的书页之中；圣母左手下垂，拿着打开的《圣经》，上面写着先知以赛亚的话：

14世纪前期绘画中的《圣经》抄本

"看哪,童贞女将要怀孕并生一个儿子",这与加百列的话正相呼应。"天使报喜"的绘画主题寓意着新时代的开始,即《新约》的开始。另由画家弗朗西斯科·达·里米尼(Francesco da Rimini,卒于1348年)于14世纪前期(约1333—1340)创作的《里米尼圣克莱尔的愿景》(Vison of the Blessed Clare of Rimini)(上图右)画作中,同样有图书文献的出现:当左面穿着方格长袍的圣女克莱尔下跪祈求怜悯时,基督出现在她面前并展示了他侧面的伤口,而穿着粉红色长袍的福音传教者圣约翰则递给她一本《约翰福音》的抄本,上面用拉丁文写着耶稣的话:"我的平安赐予你。我的安宁留给你。"(《约翰福音》14:27)。这两幅绘画中均展示了14世纪前期经典抄本的样式。

15世纪的画家马萨乔(Masaccio,1401—1428/9?)在其生命的最后时刻,完成了画作《圣杰罗姆和施洗约翰》(Saints Jerome and John the Baptist)(见左图)。画作左侧的圣杰罗姆以红衣主教和《圣经》学者的身份出现在草地的小丘上,画作右侧并排出现的是施洗者圣约翰,他带着一个十字架和一个卷轴,卷轴上写着他谈到基督的话:"看上帝的羔羊"字样(他称基督为羔羊);而圣杰罗姆左手拿着教堂模型,右手向前展开写本《圣经》,沉重的书页卷曲在顶部的边缘,这是展示《旧约》的第1页,描写了世界的创造。圣杰罗姆曾将《圣经》从希腊语翻译成拉丁语。这幅绘画让人们可据以了解15世纪20年代的卷轴以及《圣经》写本的文献形态。

15世纪20年代的《圣经》写本

图书、处方与便笺

由意大利画家洛伦佐·乐透(Lorenzo Lotto,1480—1556/7)约于1515—1516年创作的《医生乔瓦尼·阿戈斯蒂诺·德拉·托雷和他的儿子尼科洛》(The Physician Giovanni Agostino della Torre and his Son, Niccolò)(见下图),描绘了一位名叫阿戈斯蒂诺的医生,他曾在著名的帕多瓦大学任教,也曾被选为贝加莫内科医学院的院长。在画作中,阿戈斯蒂诺身着有腰带和开口袖子以体现高等级的学术服装。阿戈斯蒂诺右手握有手帕和两张折叠纸,纸的外侧是拉丁文铭文,写有古希腊人和罗马人的医神埃斯库拉皮乌斯以及"建议"字样;书桌上墨水盒笔架前的左右侧均放有笺纸,左侧的笺纸上面写着治疗的处方,右侧笺纸上写有拉丁文,文字内容为父亲对其唯一的儿子尼科洛的赞美辞,尼科洛就是画作中站在阿戈斯蒂诺身后的大胡子男士。阿戈斯蒂诺左手托持着一部橙色皮质书衣的图书,书的四角均有书钉,体现了当时的图书装帧艺术;书页微微打开,书名标签上写着

16世纪前期的图书、处方和便笺

"盖伦"(Galienu),他是古代世界伟大的医学权威,体现了阿戈斯蒂诺在医学专业上的遵循和追求。令人意外的是,画作上还出现落在阿戈斯蒂诺手帕上的苍蝇,这被认为是一种令人震惊的现实主义艺术表现;作为表现医生主题的绘画作品,在这里,苍蝇可能是疾病或死亡的象征。

卷轴与笔记本

　　绘画作品中的文献有时以卷轴或笔记本的形态出现。如巴黎博尔多内(Paris Bordone,1500—1571)于1550年创作的《基督是"世界之光"》(Christ as "The Light of the World")(下图左),画作中的基督被描绘成人类的救世主,其左手持握着一卷用深蓝色油墨书写并展开的卷轴,右手食指朝上,指向天堂,似在表达着重要的宗教理念;卷轴上的拉丁文取自《新约·约翰福音》:"我是世界之光"(I am the Light of the World,John:8:12),这是旧版《圣经》中的语句,强调了基督作为救世主的角色。巴黎博尔多内通过他的艺术笔触,在基督眼睛中的阴影和穿过虹膜的白色细横线中赋予了他表情生命。16世纪中期意大利画家布朗齐诺(Bronzino,1503—1572)约于1550—1555年间创作的《一位青年男士的肖像》(Portrait of a Young Man)(下图右),画中穿着黑衣的青年男士双手拿着放在桌上的空白笔记本,让我们得以了解早期的纸质笔记本样式。这位英俊的青年男士的身份至今是一个谜,曾被人们有过各种猜测;画作粉红色的幕布背后是巴克斯神和森林之神的雕像,这为解开画作主人公的神秘身份提供了关键的信息。

45

16世纪中期的卷轴和笔记本

《新约全书》的翻译与印行

16世纪的肖像画家小汉斯·霍尔拜因（Hans Holbein the Younger, 1497/8—1543）于1523年创作了《伊拉斯谟》（Erasmus）（见下图）。伊拉斯谟（Desiderius Erasmus, 约1466/9—1536）是文艺复兴时期尼德兰人文主义者，出生于鹿特丹。画作中伊拉斯谟静坐在书房之中，慈祥平静的眼神中透出一丝坚毅和执着。他双手放在一部经典图书之上，书根处写有"鹿特丹伊拉斯谟"字样，隐喻了伊拉斯谟一生中在经典文献翻译和出版方面的丰功伟绩，即既精通希腊文又长于拉丁文写作的伊拉斯谟首次翻译印行了新版希腊文《新约全书》，并于书后附有其拉丁译文，这对于16世纪《圣经》在欧洲的翻译出版发行起到了重要的作用。画作背景处靠墙的书架上堆放着多本图书，其中或插有签条，从一个侧面反映出伊拉斯谟研究的认真与专注。该画艺术地呈现了伊拉斯谟与文献，表达了向经典翻译整理和印行出版者的致敬之情。

《新约全书》希腊文和拉丁文翻译印行者伊拉斯谟

图书、石碑与卷轴

绘画作品中亦有石碑文献的出现。意大利画家格尔奇诺（Guercino,

英国国家美术馆陈列艺术品中展现的文献与阅读

1591—1666)是一位神圣题材的画家,他创作于1651年的《女预言家和丘比特》(The Samian Sibyl with a Putto)(下图左)是艺术家最优秀的晚期作品之一。在画作中,格尔奇诺表现了戴着头巾和珍珠吊坠耳环的女预言家的端庄的坐姿和手势,在阅读瞬间回首与长着翅膀、倚扶石板铭碑的裸体小爱神丘比特的目光对视互动,石碑上刻着"上帝伸展的祝福木"铭文,意寓基督被钉的木制十字架。从画作中看,女预言家所阅读的文献数量不少,不仅有正在看的图书,也有放置于丘比特脚下尚未打开的图书,同时还有已经打开的图书;打开的图书或正被阅读,或放在石板的基座旁,说明阅读已融入日常的生活,成为生命存在的一种方式。画家创作于同年的另一幅同名作品,其所表现的内容与以上所述(下图右)相近:女预言家正优雅地专注阅读,但爱神小丘比特所持文献由铭牌换成了卷轴,卷轴中展示的是记述圣母玛利亚苦难的内容,书桌上也多了打开的书本。在15世纪以降的意大利绘画作品中,女预言家通常与书籍和卷轴同时出现,文献成为记录女预言家预言的某种暗示,并往往处于画作的前景之中,如在女预言家的手中或丘比特的脚下。而女预言家绿色的披肩、桃色的袖子、领口缀饰的天鹅绒带、精美的连衣裙等也为文献的展示渲染了艺术的氛围和纪念感。

17世纪中期的图书、石碑和卷轴文献

阅读教材

由法国静物画家让·西蒙·夏尔丹(Jean Simeon Chardin,1699—1779)

英国爱尔兰行知录

18世纪30年代家庭阅读推广中的教材

于1735—1736年创作的《年轻女教师》（The Young Schoolmistress，或译作《年轻的女学生》）（见左图）描绘了一位小学生正在家中接受年龄大一些的年轻女教师在阅读方面的教育，女教师的身份被认为可能是小学生的姐姐或亲戚。这位年轻女教师使用一个锋利的金属指针指着他们面前打开的教材书页，正在悉心指导学生如何阅读学习。这可能是一堂阅读课，小学生目光注视着书页，依照老师的教导重复着老师的动作，并用右手手指点出需要老师解答的问题。

书信

书信是绘画中经常用以表现主题的文献"道具"，也时常成为艺术表达的主题，特别是能让我们了解到纸质信件在早期演进中尚无信封的文献形态。

手持书信 画家莫瑙尔肖像大师（Master of the Mornauer Portrait，约活动于1460—1488）约于15世纪60—80年代（1464—1488）创作的《亚历山大·莫瑙尔肖像》（Portrait of Alexander Mornauer）（见下图左），展现了曾经担任巴伐利亚兰茨胡特镇书记官的亚历山大·莫瑙尔持拿信件的形象。他左手持拿的信件呈折叠起来的形状，信纸上的文字依稀可见，这是绘画作品中较早的信件文献。无独有偶，意大利画家弗朗切斯科·弗朗西亚（Francesco Francia，约1447—1517）也为人们带来了有关15世纪末（1493—1495）的书信文献的绘画。在他名为《巴尔托洛梅奥·比安奇尼》（Bartolomeo Bianchini）（下图右）的画作中，描绘了来自博洛尼亚的贵族和人文主义学者比安奇尼手持信件的形象：比安奇尼右手放置于石架的护栏上，持展着打开的信件。当时的信件尚不使用后来的信封，在信纸正面书写内容，而在信纸的背面中间书写收信人的姓名。画作中展开的信纸中间用墨水书写的文字很齐整，透过纸张显示出来，但具体内容已不得而知。比安奇尼是弗朗西亚的朋友，也是其作品的崇拜者。居于画作前端的信纸的中心褶皱成为整幅绘画的聚焦点，信纸似乎突出到画面的前平面之外，从而给观赏者以打破了画面与现实界限的感觉，也更强化了观赏者对书信文献的关注。

英国国家美术馆陈列艺术品中展现的文献与阅读

15世纪后半期的信件

身份证明信件 乔瓦尼·巴蒂斯塔·莫罗尼（Giovanni Battista Moroni，1520/4—1579）于1564—1565年创作的《一个绅士的肖像》（Portrait of Gentleman）（见右图），向人们展示了一位贵族绅士的形象：他右手所持的身份证明信件成为当时特别的文献类型，但信件中的内容已难以辨认；绅士左手五指分开，握着两本置于桌上的图书，图书与绅士腰部所佩之剑以及所着时尚的服装，向人们传递了这是一位出身高贵的绅士的信息。

16世纪60年代的身份证明信件

口授代笔信件 由荷兰画家杰拉德·特·博尔奇（Gerard ter Borch，1617—1681）约于1655—1658创作的《一位军官口授一封信》（An Officer dictating a Letter）（见下图）为我们展现了17世纪中期代笔书信的场景。艺术家通过一些细节为人们了解当时信函的内容和代笔过程提供了相关信息：地板上小狗左侧的扑克牌红桃A暗示了这是一封情书，而非涉及军事的通信；右侧站立的号手和桌前躺在地上略现疲态的狗表示这封军官口授书信已耗时良久；书信代笔者正一边认真听着军官的口述一边在一张信笺纸上书写。书信是杰拉德·特·博尔奇绘画作品中的一个重要内容，作者另有《写信函的官员》（Officer Writing a Letter）的作品，也展示了信函文献：信函书写者为军官，表现了激烈战场

49

17世纪50年代的口授信函场景

中安静的另一面;而桌前也没有了狗,只留下了扑克牌红桃A。画家反映信函文献的其他作品还有《读信的女士》(1662)、《妇女写信》(1665)等。

乐谱

乐谱也是绘画作品中时常出现的文献类型。艺术作品中的乐谱开本大小不一,有的像小册子,有的像图册,还有的和延续至今的乐谱文献开本样式相仿。乐谱或为个人学习音乐的教材,或为乐队集体演奏的参照,功能不尽一致。

集体演奏的乐谱 由洛伦佐·科斯塔(Lorenzo Costa,1460—1535)于15世纪后期(1488—1490)创作的《音乐会》(A Concert)(见下左图)描绘了集体演奏乐器的私人时刻:3位歌手共用一本摆在大理石胸墙前的乐谱,翻开的乐谱如同一本小册子斜靠在其下方的书册之上,乐谱上记载的音符隐约可见。3位歌手唱着和声,中间的歌手正在弹奏,左右两边的歌手边唱边用手指在大理石的胸墙上或同伴的肩膀上打拍子来控制音乐的节奏。3位歌手亲密的肢体语言向人们传达出:通过乐谱,3人的合作演奏十分协调。

15世纪80年代私人音乐会上共用的乐谱

16世纪30年代的乐谱教材

乐谱教材　可能由意大利著名画家提香（Titian，约于1506年开始活跃，卒于1576年）约于1535年创作的《音乐课》（The Music Lesson）（见上右图）的画作中，一位音乐老师正用手指的点击节奏指导学生如何辨识乐谱中的各类音符，而听讲的男孩学生正手持乐谱按照老师的指引放声歌唱，男孩身后戴着白色鸵鸟羽毛帽的青年则手持小提琴在旁伴奏，他身后的年轻人也在一起演奏。画作中的乐谱提供了许多细节，但上面黑色的油墨可能永远无法进行音乐的识别，也不是真实乐谱信息的记录，而可能仅是一种虚拟的艺术呈现。相关专业技术检测显示，这幅画与提香及其工作室在1530年代绘制的画作有很多共同之处。

教堂演奏所用乐谱　乐谱不仅是上音乐课的教材，也是音乐演奏所不可或缺的音乐文献。由约翰内斯·维米尔（Johannes Vermeer，1632—1675）于1670—1672年创作的《一位年轻女子坐在维吉尼亚教堂前》（A Young Woman seated at a Virginal）（见下左图）画作中，让我们看到了如同演出的舞台幕布被拉开至左侧的井毯，一位坐在键盘前的年轻女子正在弹奏，所弹琴架上斜放着乐谱，她的目光正朝向观众，吸引人们将目光聚焦于琴前左侧的中提琴的曲面上的闪光的光线，静态的画面中寓含着动态的伴奏与等待以及邀请加入。作品背景墙上画作中的琵琶弹奏与调情场景，则隐喻着音乐同爱情之间的传统联系。

17世纪70年代一位年轻女子在教堂中按乐谱弹奏

16世纪50年代室内音乐羽管键琴上的乐谱

琴上乐谱　如果说上面左图展示的是教堂中的演奏乐谱，那么右图展示的则是室内音乐消遣中的琴上乐谱；这是荷兰风俗画家扬·斯蒂恩（Jan Steen，1626—1679）约于1659年创作的名为《一位年轻女子为一位年轻男子演羽管键琴》（A Young Woman playing a Harpsichord to a Young Man）（见上右图）的作品。在画作中，一位衣着优雅的年轻女子正全神贯注地在当时最大的弦乐器羽管键琴上演奏，乐谱斜置于琴台之上，它不仅成为爱情桥梁的隐喻，也成为画作中这对青年男女之间浪漫互动的见证。乐谱如同当代小型开本的图册，与上左图中年轻女子在教堂弹奏的乐谱开本大小有所不同。需要特别指出的是，画作中不仅有乐谱，还有多处拉丁铭文和创作日期的文字记录：一处是放在琴台上的拉丁铭文写着"荣耀归于上帝"，暗示这位女子纯粹是为了上帝的荣耀而演奏；另一处刻印在打开的琴盖上的拉丁铭文则写着"行动证明男人"，暗示女子旁边的爱慕者男士正准备采取更积极的步骤；还有一处是羽管键琴的键盘上方记录了绘画艺术家的姓名和创作的日期。画作右后侧背景中，敞开的大门中有一位门童拿着一把大琴正走过来，预示着一场吸引女子的二重奏即将开启，暗示了男女双方和谐的恋爱之情。

图片绘画

图片绘画是绘画作品中最常见的文献类型，其中既有大空间的集中展示，也有专门的个人蚀刻画创作等，其文献载体和形态多样。

图片绘画的集中展示　由佛兰芒（Flemish）约于1620年创作的《挂着图片的房间里的专家们》（Cognoscenti in a Room Hung with Pictures）（见下图）展示了一个大房间中满屋子悬挂和摆放着的图片绘画；如此集中地展示数量

17世纪20年代挂着绘画图片文献的大房间

众多的图片绘画并不多见,而11个穿着考究的艺术家、收藏家、鉴赏家或艺术品经销商等专家们似乎正在检查鉴定这些图片绘画;这种专家群体之间的讨论与鉴赏,有助于图片绘画文献鉴赏水平的提升和文物古董知识的积累与拓展。除图片绘画外,还有雕塑、指南针、星盘、地球仪、地毯,瓷器、硬币、奖章等各类古董和科学仪器,琳琅满目的艺术文献和古董器物向人们展示了图片绘画文献的丰富与多样以及艺术收藏的乐趣与博学,似乎是一份令人向往的收藏"愿望清单"。

蚀刻画

由19世纪著名花卉静物画家范廷·拉图尔(Fantin-Latour,1836—1904)于1875年创作的《埃德温·爱德华兹夫妇》(Mr and Mrs Edwin Edwards)(见右上图)画作中,爱德华兹坐在椅子上,正在聚精会神地研究他的一幅蚀刻画,椅子旁边的画夹中,还放置着众多的蚀刻画作。爱德华兹夫人双手交叉地站在其丈夫的身后,表现出令人敬畏的个性并在一定程度上主宰了整个画作,使本来居于中心位置的绘画文献在画中反而显得边缘化了。

19世纪70年代中期的蚀刻画

论文手稿

比利时画家罗吉尔·范德维登工作室(Workshop of Regier van der Weyden,约1399—1464)于1450年创作的《一个读书的人(圣伊沃?)》(A Man Reading)(见右下图),描绘了可能是作为律师的圣伊沃阅读的场景,这是绘画作品中较早直接以阅读作为主题的艺术品之一。这位被称为律师守护神的圣伊沃正在非常认真地阅读着一篇写满精美文字的法律论文,表现出律师的专业精神;论文呈透视状,原来折叠的纸张被全面展开,其中的文字是一种想

15世纪中期的论文手稿

象中的草书，这应该是一篇作为信件寄给圣伊沃的法律论文的手稿。圣伊沃被誉为律师的守护神，他维护着法律的尊严和正义的价值观，故受到穷人们的拥护。

剧作文稿

由意大利画家彼得罗·达·科尔托纳（Pietro da Cortona，1596—1669）于17世纪前期（1620—1625）创作的罗马圣女《圣塞西莉亚》（Saint Cecilia）

16世纪20年代艺术家的剧作文稿

（见左上图）画作，表现了这位罗马贵族之女的创作瞬间，左边放置的随身携带的便携式风琴成为她艺术生涯的特征。作品中表现了她作为画家和剧作家，正在进行艺术创作的情景。她左手握持剧作文稿，右手拿着长长的写笔，在奋笔疾书之余，抬笔回眸，若有所思。她是如此沉浸于自己的创作之中，以至于对右侧倚在竖琴上朝她微笑的小男孩也无暇顾及。如果仔细观察，人们可以看到其所持文稿已写满字谱，其创作的热情与成就跃然纸上。在画作的右上角，人们还可以瞥见古典寺庙的上部，从而提供了这位艺术家生活于公元3世纪的罗马的时代信息。

《圣经启示录》的创作文稿

17世纪20年代传教士的写作文稿

17世纪初，西班牙画家迭戈·委拉兹开兹（Diego Velazqez，1599—1660）于1618—1619年创作了其早期代表作之一的《帕特摩斯岛上的福音传教士圣约翰》（Saint John the Evangelist on the Island of Patmos）（见左下图），作品描绘了圣约翰在写《圣经启示录》（Book of Revelation）（12：1—4）的时候，见证了一个圣洁的女人和一条巨龙的天上奇景。画中的圣约翰正手持羽毛笔蓄势待发，准备在装订好的书册上创作书写；而左侧地上放着两本厚厚的书，其中一本书中还夹着签条，看上去两本书都已被研读多遍。作品通过光线的色彩处理，使写作的主题与天上的奇景得到了很好的协调；这种天地间的空间透视互动，扩大了画面的空间感和主题表达。无论是正在写作的书册还是放在地上供研读的图书，都使文献在古典绘画作品中成为艺术表现的重要物件。

奇特艺术文献

奇特艺术（curious arts）文献是被称为邪恶文献的别种表述。法国画家尤斯塔什·勒苏厄（Eustache Le Sueur，1616—1655）于1649年完成了他的代表作《圣保罗在以弗所传教》（Saint Paul preaching at Ephesus）（下图左）。处于画作中心、身穿红色斗篷的圣保罗正指挥着画作前景中的人们焚烧一堆代表异教徒传统的文献，画作下方左侧有两人正手捧多部图书将其扔在一处准备予以销毁，而右侧则有一人屈膝蹲在地方吹燃火种，准备烧毁这些"奇特艺术"的文献。仔细观察，这些正在被焚毁的书页上或画着几何图形。联想到17世纪上半期，正是伽利略被定罪软禁直至去世的时期，画中被烧毁的图书很可能就是科学文献，而在当时则被认为是奇特艺术的邪恶文献，遭遇了被焚的厄运。英国国家美术馆所收藏的这幅作品，与法国卢浮宫收藏的更大版本的同名作品（下图右）可以互相参看，虽然两幅画作的作者和名称都一样，但具体细节有所不同，如卢浮宫藏品中的圣保罗显示出更为强烈的肢体语言和情感，他

 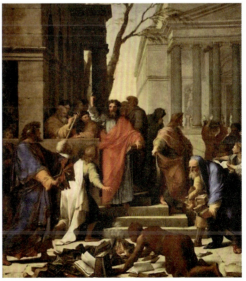

17世纪40年代绘画中异教类文献被焚场景

右手食指向上，左手拿着一部大书，这一姿态的灵感被认为是来自拉斐尔《雅典学派》画作中柏拉图的形象。这一不可多得的艺术画作，也成为世界书厄史上重要的艺术佐证和研究资料。

在绘画作品中，除了图书、书信、乐谱、绘画图片等文献类型外，我们还发现有遗嘱、税单、婚约、家谱、纸张、地图等诸多特别的文献或档案类型。

遗嘱文献

由意大利画家洛伦佐·乐透（Lorenzo Lotto，1480—1556/7）约于1530年至1533年间创作的《一个女人的肖像，灵感来自卢克丽霞》（Portrait of a Woman Inspired by Lucretia）（见下图），为人们展示了绘画中较为罕见的遗嘱文献：一位衣着华丽的年轻女子戴着金色的结婚戒子，胸衣上挂着珠宝吊坠，站在扶手椅和桌子之间，左手拿着一幅画（内容是被强奸后自杀的罗马女英雄卢克丽霞正赤身裸体地用刀刺向自己），右手则指向放在桌上的卢克丽霞的遗嘱；遗嘱由拉丁文书写，内容很短，大意为卢克丽霞通过自杀来剥夺不贞洁女性生存的可能借口。绘画描写的女主人是为了纪念订婚或婚礼，而空着的椅子则暗喻已经不在的丈夫，通过卢克丽霞的画和遗言来证明自己的美德。这也让我们看到了16世纪30年代简短遗言的文献样式。

16世纪30年代的遗言文献

税单账本

马里努斯·范·雷默斯瓦勒（Workshop of Marinus van Reymerswale，活跃于1533—1545）约于1540年创作的《两个收税员》（Two Tax-Gatherers）（见下图），描写了两个税务官正在记录处理税款，左边的税务官税单账本上记录着一份关于葡萄酒、啤酒和鱼等物品的税款，这本账本上记录了雷默斯瓦勒镇上7个月的收入；画作背景的橱柜顶上也摆放了大小不一的各种税单和图书，包括雷默斯瓦勒镇议员于1515年签发的契约；税单账册有皮制外壳，装帧相当精致。两人的桌上，堆放着数量可观的税款金银币。当时的税务官员通常被允许保

英国国家美术馆陈列艺术品中展现的文献与阅读

留他们所收税款的一定比例,并因其贪婪而受到批评。这幅画可能旨在警告人们不要贪婪。

婚约与家谱

画家威廉·霍加斯(William Hogarth,1697—1764)约于1743年创作的《婚姻—种时髦的方式:1. 婚姻协议》(Marriage A-la-Mode: 1. The Marriage Settlement)(见下图),是霍加斯名为"婚姻模式"的6幅画中的第一幅,描写了一个破产的伯爵正在他别墅的卧室里接待客人,讨论他家的儿子和伦敦金融城一位富有的市议员的女儿的婚约事宜:作为富商的新娘父亲正透过眼镜凝视检查婚约合同,他手里拿着大型羊皮纸文件,显得有些笨拙,他大概很清楚将女儿嫁给伯爵的儿子要付出什么代价;而伯爵则手指着他的家谱可以追溯到征服者威廉,并将一只手放在自认为流淌着高贵血液的心脏上。富有的女方家族将通过

16世纪40年代的税单账本

18世纪80年代的婚约与家谱

婚姻获得贵族头衔，而破产的伯爵将拿到准备好的现金（这些现金已经从钱袋中清空到桌面上）。富商的女儿并不理会她未来的丈夫，正与她父亲的律师在耳语交谈；而未来的新郎则并不自在，看着镜子里的自己，其时髦的法式礼服表明他去过欧洲——显然男女对彼此或婚姻都没有兴趣，但画作前景左侧的狐犬和母狗在新娘和新郎的脚下，脖子上的铁链拴在一起，期待着婚姻的纽带很快就能将这对夫妇联系在一起。桌子上摆着一个墨台、羽毛笔、密封蜡和一支蜡烛，准备签署婚约协议。

薄纸

18世纪后期英格兰肖像画家托马斯·康斯博罗（Thomas Gainsborough，1727—1788）于1748年创作的《艺术家与妻子与女儿的肖像》（Portrait of the Artist with his Wife and Daughter）（见左上图），实际上是画家最早也是他与家人唯一的一幅油画自画像，康斯博罗以轻松的二郎腿姿势描绘自己，他手持一张几乎透明的薄纸，其寓意为何，不得而知，也可能是用以代表一幅画的。这幅画在巴黎卢浮宫有精细的复制品，在安特卫普和华沙也有简化版本保存，可见其刻画的场景十分成功并得到广泛认可。

18世纪40年代后期人物手持的空白薄纸

地图

画家蓬佩奥·吉罗拉莫·巴托尼（Pompeo Girolamo Bafoni，1708—1787）约于1759年创作的《理查德·米勒斯的肖像》（Portrait of Richard Milles）（见左下图）画作中，米勒斯站着，显得自信和轻松，他右手牢牢地撑在腰间，左手指着放在桌面上的地图，地图旁边是一尊古典的半身雕像，地图上标有"格劳宾顿"，这可能是他去意大利途中访问过的

18世纪50年代后期的地图文献

瑞士的一个州的名字;半身塑像旁边的桌上有几本书,也许是旅行笔记或哲学论文。

14—15世纪的文献装帧

不同历史时期的众多画作文献中,也透露出图书装帧发展的一些信息。西方自15世纪中期德国人谷登堡(Johannes Gensfleisch zum Gutenberg,?—1468)发明铅活字印刷后,印刷文献大量增加。在诸多图书中,有皮制封面、开本大小不一的各类精美装帧本,也有一般的装订本;各类装帧精美的书衣令人目不暇接。而几乎一书一种装帧的书衣不仅带来了视觉上的愉悦,也为不同图书的辨识与书籍寻检提供了便利。

14世纪的书籍装帧 14世纪上半期意大利画家贝尔纳多·丹迪(Bernardo Daddi,活跃于1312—1320年,卒于1348年)在1340年创作的《圣多米尼克》(Saint Dominic)(见右图),表现了多米尼克的博学与纯洁:多米尼克左手托持一部红色书衣的图书,以显示其渊博的学识;右手拿着一枝百合,象征其生命的纯洁。其中红色书衣上下各有一道金属书扣,体现了14世纪前期书籍的装帧形式。

画家乔瓦尼·迪·尼古拉(关于其生年,文献记载有1326年,约卒于1363—1365年)约于1350年创作的《圣安东尼阿博特》(Saint Anthony Abbot)(下左图)则展示了14世纪中

14世纪前期图书装帧样式

期的图书装帧。画作中,基督教修道院主义的创始人圣安东尼阿博特左手持书,右手靠在十字架形状的木杖上。他左手所持抄本很大,已装订好,书页已旋转翻开,书口有上下两道蓝色的书扣,还可隐约看见装订的螺柱。而由画家马东纳(Madonna,活跃于14世纪中期)约于1350年创作的《抹大拉的圣玛利亚和圣彼得》(Saint Mary Magdalene and Saint Peter)(下右图),则展示了圣彼得左手托持红色封面装帧的图书,书衣上有5个书钉,还配有上下左右的蓝色扣绳。这两幅画作都让人们能够了解14世纪中期图书装帧的形态与图书开本的大小。

14世纪中期的图书装帧

15世纪20年代的图书装帧

15世纪的书籍装帧　画家马索利诺（Masolino，约1383—约1436）约于1428—1429年创作的《教皇（圣格雷戈里？）和圣马蒂亚斯》（A Pope Saint Gregory? and Saint Matthias）（见左图）描绘了15世纪前期的图书装帧形态：画面右侧，圣马蒂亚斯右手拿着殉道用的斧头，左手托持的图书有浅红色的书衣，上有图钉和用于书籍开合的扣绳；画面左侧，戴着三层金冠的可能是教皇圣格雷戈里，他左手将黑色书衣的图书托持于左侧腰部，但依然可以看到书衣上的图钉和扣绳。画作中两部图书的装帧形态几乎相同，代表了15世纪20年代的图书装帧水平。

由15世纪南德国学派（South German School）画家于15世纪60—70年代创作的《帕特莫斯上的圣约翰》（Saint John on Patmos）（见下左图），描绘了圣约翰坐在希腊爱琴海帕特莫斯岛峭壁间的岩石上，在卷轴上撰写记录其感悟启示的场景：在崎岖的山间，圣约翰正在书写着导致世界末日的事件。他的旁边放着一部红色书衣的图书，可能是他的福音书；当时谷登堡的印刷术发明不久，或许这已是印本图书，皮制书衣的书扣大气庄重。卷轴与图书同时出现在画面中，可知在文献载体的发展进程中，曾

英国国家美术馆陈列艺术品中展现的文献与阅读

15世纪60—70年代抄、印并行时期的卷轴与图书

15世纪70—80年代的图书装帧

存在抄、印并行的时期。

画家利斯伯恩大师（Master of Liesborn，活动于15世纪下半期）于15世纪70—80年代创作的《圣徒约翰福音传教士，斯科拉斯蒂卡和本尼迪克特》（Saints John the Evangelist, Scholastica, and Benedict）（见上右图），描绘了穿着红色长袍的圣约翰与两位5世纪的圣徒本尼迪克特和斯科拉斯蒂卡在一起的场景：左边的圣约翰悲痛地扭动着双手，中间的斯科拉斯蒂卡拿着雕刻有《旧约》以撒献祭场景的鳄鱼（《创世记》22），右边的本尼迪克特则双手托持图书，图书呈翻开状态，可以约略看到内中的印刷文字，而蓝色的书衣十分精美，封面有4个金色图钉和一个在书口的金色书扣，书扣呈圆形的弯曲造型，极富设计感，代表了15世纪后期70—80年代的图书装帧水平。

15世纪后期的心形祈祷书装帧　画家圣古拉景观大师（Master of the View of St Gudula，活跃于15世纪后期）于15世纪80年代早期创作的《一个年轻人的肖像》（Portrait of a Young Man）（见右图），描绘

15世纪80年代初心形装帧的祈祷书

61

16世纪初期的皮制书衣装帧

16世纪初期图书礼品式的装帧

了一位充满朝气、衣冠楚楚的青年人（可能是抄写员）正双手捧持着翻开的心形祈祷书。这种心形装帧的图书有一些从中世纪保存了下来，其中或为时辰之书，或有情歌的内容。从画中翻开的心形书页中有众多红蓝色的首字母分析，主人公所持的图书，应该是属于内容虔诚的文本。在画作的后景中，可以看到教堂与城墙以及街道和蓄水池等，这是较早的城市景观，也为人们提供了识别画作人物所处的空间地点的依据。

16世纪颇具特色的图书装帧

皮制书衣装帧 画家圣巴塞洛缪大师（Master of the Saint Bartholomew，活跃于1470—1510）约于1505—1510年创作的《圣彼得和圣多萝西》（Saints Peter and Dorothy）（见左上图），描绘了圣彼得和圣多萝西两人对视的场景：左侧的圣彼得将一本《圣经》抱在胸前，这是一本有软皮封面的图书，为人们展示了16世纪初图书装帧的具体形态。除了右手臂和胳膊用来抱持经典图书外，圣彼得的双手可能都与阅读有关：他右手握有两把基督应许给他的硕大的天国钥匙，似乎与他抱着的《圣经》有着内在的联系；左手则用细长的手指小心翼翼地拿着摘下的眼睛，这是他阅读经典的助器。

图书礼品式的装帧 16世纪初的德国画家老卢卡斯·克兰纳赫（Lucas Cranach the Elder，1472—1553）于1506年创作的《圣克里斯蒂娜和圣奥蒂莉亚》（Saints Christina and Ottilia）（见左下图），描绘了非同一般的图书文献装帧。画作右侧的圣奥蒂莉亚出身于贵族，但她的父亲因为她是个盲女而抛弃了她，被农民带走养大的圣奥蒂莉亚的视力后来又得到了恢复。画作中的圣奥蒂莉亚穿着黑色长袍，双手托持一部由红丝带呈十字形包扎的皮装精美图书，向站在她身边的早期基督教童贞殉道者圣克里斯蒂娜展示着放置在图书上面的一对眼球，代表着她神奇地治愈了失明，寓示这是上帝赐予她的视力，也使放置眼球的装帧精美的图书同样具有了神奇的色彩。

精美的书籍阅读托架　画家杰拉德·大卫（Gerard David，活跃于1484，卒于1523）可能创作于1510年的《圣母子与圣徒和捐赠者》（The Virgin and Child with Saints and Donor）（见下图）画作中，圣母玛利亚和圣婴及3位女圣徒一起坐在一个有围墙的花园里。在右边，圣玛丽拿着她为基督抹脚的油罐，而被父亲囚禁在塔中的圣芭芭拉的头饰上有一座塔。左边是圣凯瑟琳，打扮成公主；最左边则是捐赠者理查德·德·维施·范德卡佩勒。艺术史上一般不提及这幅画中的图书文献装帧信息：圣芭芭拉双手捧持着一部图书，圣玛丽则做出用右手来取书的姿态。图书的绿色阅读托架上有金属书扣，图书的书首、书根和书口处均作了烫金处理。该画作为人们呈现了16世纪初图书的装帧样式和水平。

16世纪初的图书阅读托架与书扣

具有收藏价值的书籍装帧　画家帕米贾尼诺（Parmigianino，1503—1540）约于1523年创作的《收藏家的肖像》（Portrait of a Collector）（见下图）画作中，收藏家左手持拿着一本《时辰记》（Book of Hours），这本图书装帧颇为精

16世纪20年代的精美图书装帧

美,书衣采用了更为牢固和美观的金属材料,书的四角均有书钉,以蓝色为主色调的装帧也显得十分典雅。这位收藏家的前后周边放置着古董维纳斯的浮雕、谷神星的青铜雕像以及硬币等,说明其手持的装帧考究的图书也非一般的文献,而是一本具有收藏价值的珍籍。

17世纪的图书装帧

简装与精装并行的图书装帧　由荷兰画家哈曼·斯汀威克(Harmen Steenwyck,1612—1656)于1640年创作的《静物:人类生活的虚空的寓言》(Still Life: An Allegory of the Vanities of Human Life)(见下图)是一幅著名的静物画。在这幅静物绘画作品中,画家通过两组写实的静物以寓托人类生活的虚空和思想的长久。其中熄灭的油灯、骷髅、怀表、笛子等表达出作品所展示的虚空主题,提醒人类生命的短暂;但同时作者通过图书、贝壳、长剑等寓托人类思想活跃的恒久追求。静物中的上下两本图书的书页都微微开启,上本图书呈咖啡色,书衣上配有书扣;下本图书则突出在桌子的边缘,其呈淡黄色的书衣在装帧方面较之上本书略显简单,人们可据以了解图书装帧历史发展中的不同样式,也可了解当时图书精装与简装并行的装帧形态。两本书在被阅读方面也可作对比:上本为已经阅读过的旧书,而下本则似为尚未阅读的新书。这既传递出主人看书学习和努力的信息,也暗喻了时光的流逝和衰老的过程。画作中光轴的穿越和左侧上方的空白,均表达出虚空寓言的主题,而图书文献则成为历史恒久远的载体象征。

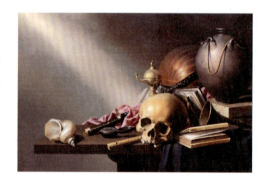

17世纪40年代的图书装帧

书籍装帧形式的多样化　随着图书文献的不断增加,书籍装帧形式也更趋多样。1627年,比利时画家彼得·保罗·鲁本斯(Peter Paul Rubens,1577—1640)创作了《路易斯的肖像》(Portrait of Ludovicus Nonnius)(见下图),作者以半身肖像刻画了葡萄牙血统的古文物学家和医生路易斯的博学和智慧：路易斯是健康饮食方面最杰出的医生之一，他被医学奠基人的塑像和书籍所包围，体现出他作为医生和文物学家的身份特征；而路易斯手持着的和其背后书架上叠放着的各类书籍，其装帧可谓丰富多样，书衣大小色彩各异，装帧工艺各不相同，不少图书都配有皮套护封和书签带；路易斯手持一部打开的大书，一手指点着书中的内容，似在向人们讲解医学的知识与文物收藏的智慧。

17世纪20年代，古文物学家和医生家中的图书装帧

不同的持书姿态

自图书等文献产生以后，人们在阅读、撰写和交流中有各种不同的持书姿态，为我们提供了阅读主体与阅读客体之间的诸多关系和细节，也为研究和阅读文献提供了直观生动的艺术形象资料。

指夹卷轴 由罗伯特·坎平工作室（Workshop of Robert Campin）于1432年前创作的《方济会的肖像》（Portrait of a Franciscan？）（见右图），画作中的人物很可能是方济会的一员，他手拿着卷轴，可以看到画中人物右手略显女性化的手指动作，发挥了大拇指、食指、中指、无名指和小指的共同作用，优雅地斜持着卷轴放在自己的胸前。如果说手持图书在15世纪画作中较为普遍的话，那么指夹卷轴就较为罕见了。

15世纪30年代，方济会成员指夹卷轴

托持经典 由画家斯蒂芬·劳克莱（活跃于1442年，卒于1451年）于去世前一年（1450）创作的《圣徒马太、亚历山大的凯瑟琳和福音约翰》（Saints Matthew, Catherine of Alexandria and John the Evangelist）（见下图）的画作中，左侧的圣徒马太伸展左手托持着一部图书，翻开的书页中个别文字依稀可见；右手则握着一支笔，身旁有一位天使。联系到米开朗基罗也曾于1602年创作了《圣马太与天使》，这里的马太应该是在写经典福音书。

15世纪中期,马太托持经典写本

15世纪70年代,传教士以手托展图书

托展经典 画家圣文森特·费雷尔(Francesco del Cossa,约1435/6—约1477/8)于15世纪70年代(约1473—1475)创作的《圣文森特·费雷尔》(Saint Vincent Ferrer)(见左图)画作中,作为西班牙多明尼加传教士的圣文森特·费雷尔右手食指示威性地向上,充满了激情,左手托拿着展开的福音书。这样的持书姿态表现了传教士用经典文献向受众传播的宗教立场和普及方式,垂在其两边的念珠则是对圣母玛利亚祈祷中的辅助物品。

膝上与怀端的图书 由画家格尔奇诺(Guercino)于1625—1626年创作的《圣格雷戈里大帝与耶稣会圣徒》(Saint Gregory the Great with Jesuit Saints)(见下页右上图)乃一幅祭坛画,是为了纪念教皇格雷戈里(公元590年至604年担任教皇)。在画中,人们可以看到17世纪20年代,作为教皇和耶稣会的西班牙创始人的持书姿态:教皇格雷戈里坐在两位耶稣会圣徒之间的高位宝座上,翻阅着膝上的一部大书,这是他智慧和学识的标志;其右手正在翻阅图书,左手上扬并摘下眼镜抬首仰望,凝视着白鸽和天空,暗示着圣灵的神圣与灵感,或似在向上苍发出追问。跪在教皇左侧的是耶稣会的西班牙创始人圣依纳爵·洛约拉(1491—1556),他左手怀端着一本耶稣会圣经,封面上浮雕的符号可以辨认;右手食指向前指点,似在向人们交流阅读的体会。

英国国家美术馆陈列艺术品中展现的文献与阅读

托举、背负的图书 由意大利画家多梅尼奇诺（Domenichino，1581—1641）于17世纪20年代后期创作的油画《福音传教士圣约翰》（Saint John the Evangelist）（见右下图），描绘了福音书第四卷作者圣约翰在创作过程中灵感闪现的片刻：正在写作中的圣约翰收住笔，从翻开的书本中转过身来，右手持笔四指向上，左手轻轻放在翻开的书页上，抬头仰望苍穹，希冀获得灵感的真正源泉；其脚下有一只微微张嘴的鹰，这是西方文化中被认为是飞得离天堂最近的鸟。画中左右各有一裸体男孩，左侧男孩用双手托举着大书，右侧男孩则背负着大书。左侧男孩托举的文献中，既有翻开的图书，也有未翻开的图书，以及展开的卷轴等，可谓是古代绘画中文献较为集中的展示。

17世纪20年代，膝上与怀端的图书

众多的绘画艺术品中表现有不同的阅读场景：或在宁静的书房中，或在花园阳光下，或在室外走动时，或在祈祷桌台前，或在海边沙滩上，或在家庭育儿房，或在群峦山峰间，或在野外写作中……这为我们研究阅读史上有关阅读空间的主题提供了难得的资料。

书房阅读

意大利画家安托内罗·达·梅西那（Antonello da Messina，活跃于1456年之后，卒于1479年）约于1475年创作的《书房中的圣哲罗姆》（Saint Jerome in His Study）（见下页左上图），为人们展现了15世纪70年代学人书房阅读的场景，这种书房阅读，千百年来一直是学者阅读研究的理想空间，寄托了古今中外无数学人上下求索的情怀和追求。在这幅画作中，被誉为中古时代教会四大学者之一的哲罗姆身着红衣主教长袍，正坐在书房的环形圈椅上。橱桌连

16世纪20年代，男孩托举、背负图书文献场景

67

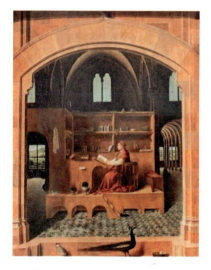

15世纪70年代学者的书房阅读

15世纪80年代末的森林阅读场景

体的阅览桌,被设计为呈45度倾斜状,以方便放置图书。哲罗姆翻阅着图书,极为专注,书桌和身旁的书架上都摆放着许多图书,不少图书都呈打开状,这是学者常见的阅读研究场景。哲罗姆曾将《圣经》从希腊语译成通俗的拉丁语并沿用至今。

森林阅读

由卡洛(Carlo Crivelli,约1430/5—约1494)约于1489年创作的《受祝福的加百列的异象》(The Vision of the Blessed Gabriele)(见左下图),为我们展示了15世纪后期森林阅读的场景:一位名叫加布里埃尔的虔诚的方济会修士,正在修道院附近的一片森林中祈祷。他赤着脚,双腿跪地,双手合掌于胸前;在他的前面,地上放着一部翻开的经典图书,可能他正默诵着书上的句子,表现出森林阅读的别样境界和情怀。

花园阅读

与森林阅读类似的还有花园阅读。由昆滕·马西斯的追随者(Follower of Quinten Massys,1465/6—1530)约于16世纪10—20年代创作的《圣母圣子与花园里的圣徒和天使》(The Virgin and Child with Saints and Angels in a Garden)(见下图)的绘画,表现了居于C位的圣母在花园阅读的场景:她手持翻开的图书,似在诵读给周围的圣子和圣徒们听,而圣子和圣徒们或手持乐器,或手托果篮,或接取喷泉之水,或手抚所牧之羊。建筑外花园中的人们或围坐或站立,使阅读场景显得既庄重又生动。

英国国家美术馆陈列艺术品中展现的文献与阅读

16世纪前期圣母、圣子、圣徒在花园里的阅读场景

行走阅读

由莫雷托·达·布雷西亚（Moretto da Brescia，1498—1554）约于1540年创作的《圣哲罗姆》（Saint Jerome）（见右图），表现了红衣主教行走中的阅读情景：他正读着自己在公元4世纪把《圣经》从希腊文翻译成拉丁文的经历。这位红衣主教尽管是在走动中，但他的阅读专注度却很高，且为书中的内容所吸引，并不为周围的环境所干扰，正边走边聚精会神地阅读着翻开的书页中的文字。

家庭阅读

画家爱德华·维亚尔（Edouard Vuillard，1868—1940）于20世纪20年代创作的《安德烈·沃姆瑟夫人和她的孩子们》（Madame Andre Wormser and her Children）（见下图），则表现出家庭阅读的轻松和自由的环境气氛：作为银行家太太的沃姆瑟夫人优雅地站在家中的大客厅中，墙上挂着莫奈、雷诺阿以及德加

16世纪40年代，红衣主教行走中的阅读情景

69

20世纪20年代轻松自由的家庭阅读

的画,孩子们或在弹琴和旁听,或在阅读和互动交流,特别是画作前方坐着的姐妹俩,左侧的姐姐正手捧图书在交流着阅读的体会,右侧的妹妹正在洗耳恭听,一派家庭阅读学习和娱乐休闲的情景;而沃姆瑟夫人则任由她的孩子们自由发挥,自己站在一旁静静地观察并欣赏着家中的一切,并不对孩子们进行干预。

海边沙滩阅读

加罗法洛(Garofalo,1481—1559)于16世纪前期(1520—1530)创作的《圣奥古斯丁的愿景》(Vision of Saint Augustine)(见下左图),为我们展现了罗马主教圣奥古斯丁在海边沙滩上阅读的场景。奥古斯丁是罗马非洲人,是早期基督徒和神学家,其著作(如 *De Trinitate*,《论三位一体》)曾深刻地影响了西方基督教和哲学。画作中,奥古斯丁坐在海边沙滩上巨大的岩石旁,正在阅读与写作,岩石上放置着多本或打开或合起来的图书。更为有趣的是,这幅画还通过奥古斯丁的幻象展示了令人称奇的老少之间的知识对话:奥古斯丁回首看到一个孩子试图将大海倒入在沙子上挖的洞中,当他告诉孩子这是不可能的时,这个来自上帝的使者的孩子却回答说,奥古斯丁试图解释三位一体同样

16世纪20—30年代的海边读写场景

19世纪70年代的沙滩阅读

英国国家美术馆陈列艺术品中展现的文献与阅读

是一项不可能完成的任务。

莫奈（Claude Monet，1840—1926）在1870年创作的《特鲁维尔海滩》（The Beach at Trouville）也为我们展现了海滩阅读工作的场景。这是莫奈以他的新婚妻子（见上右图左侧）及其一个朋友为模特所画的。她们在露天的沙滩上一手撑着阳伞，一手持着图书，将工作、阅读、休闲融合在了一起。

礼拜堂祭坛前的经典阅读

大卫·威尔基（Daivd Wilkie，1785—1841）是苏格兰画家，也是威廉四世国王和维多利亚女王时期的首席宫廷画师，他于1813年创作了《跪在祈祷台上的年轻女子》（A Young Woman Kneeling at a Prayer Desk）（见右上图）。画作中的女孩为伯爵之女，她跪在家中礼拜堂的祭坛前的祝福台上，手捧打开的《圣经》正在作祈祷状，可能有人过来打断了她的祷告，她无奈但心怀善意地转身看着来到她身边的人。这一阅读场景说明，阅读，特别是经典阅读，需要安静的环境并不被打扰。

19世纪前期跪在祈祷台上的年轻女子的阅读

居家祈祷中的时辰书阅读

与教堂经典阅读类似的，还有居家祈祷中的时辰书（Book of Hours）阅读。如由汉斯·梅姆林（Hans Memling，活动于1465年，1494年去世）于15世纪70年代中期创作的《一位祈祷中的年青人》（A Young Man at Prayer）（见右下图），描绘了一位出身富有家庭的青年男子，他在虔诚地进行祷告时，翻开作为祈祷用的时辰之书进行阅读。

死亡仪式中床边的集体阅读

绘画作品中或有临终前的群体阅读，如由画家

15世纪70年代中期祷告中的阅读

71

15世纪20—30年代临终前的床边集体阅读

蒂罗尔（Tyrolese）于15世纪20—30年代创作的《圣母安息》（The Dormition of the Virgin）（见左图），描绘了圣母在临终时，福音传教士圣约翰被奇迹般地带到她身边并拿着棕榈叶，在世界各地传教的使徒们则跟在圣约翰的后面，中间穿着白袍挥舞着香炉的是圣彼得，大家围在圣母的床边举行死亡仪式并进行集体祈祷阅读。画作左下方的使徒跪在地上打开一部图书，正认真地在阅读其中的内容；画作正下方的使徒穿着连帽长袍，其合掌夹持的打开的长卷上用拉丁文写着祈祷文，表达了他希望与圣母在天堂团聚的愿望；画作右上方有3位使徒共同捧持着一部翻开的图书在专注地阅读。该画作在安息的主题中展示了临终前床边集体阅读仪式的特别氛围。

荒野阅读

由画家乔凡尼·贝里尼（Giovanni Bellini，约活动于1459年，1516年去世）约于1480年至1485年创作的《圣哲罗姆在荒野中阅读》（Saint Jerome reading in Landscape）（下图左），刻画了圣哲罗姆在叙利亚荒野中学习阅读《圣经》并借以忏悔的场景：圣哲罗姆穿着至今仍属时尚的蓝色吊带连衣衫裙，左手扶拿着置于左膝上的《圣经》大书，右手放在岩石之上，似正沉浸在《圣经》的字里行间进行深深的思考，荒野的环境让经典阅读显得格外孤独与宁静，远方天空中飘动的层叠的云彩似乎暗示着圣哲罗姆阅读经典时内心所引起的波澜起伏。这也是西方绘画中直接以阅读作为主题的艺术品之一。在荒野风景中的阅读，同样可以如在书房中阅读般地进入沉浸的状态，这在意大利画家洛伦佐-科斯塔（Lorenzo Costa，1460—1535）于1505年创作的《圣菲利普》（Saint Philip）中表现得极为传神（下图右）：留着胡子的圣菲利普站在荒野中，肩膀上靠着一个细长的十字架，他似乎完全沉浸在书本的阅读之中，忘却了周围的一切。

英国国家美术馆陈列艺术品中展现的文献与阅读

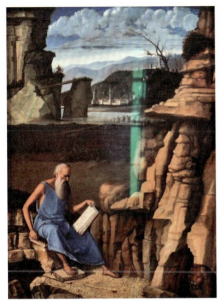

15世纪80年代与16世纪初的荒野阅读

不同的画作中展现出不同的阅读群体，或少儿阅读，或母子阅读，或女性阅读，或青年阅读，或科学家阅读，或集体研读，或僧侣、修士等的集体讲读；这些不同的阅读人群各具特色，为我们深入了解和研究阅读群体提供了艺术的佐证资料。

少儿阅读

由汉斯·梅姆林（Hans Memling，活动于1465年，1494年去世）约于1480年创作的《圣母和孩子与一位天使》（The Virgin and Child with an Angel）（下图左），描绘了圣母、圣婴、天使以及捐赠者的画面，让人们看到了15世纪80年代幼儿阅读的场景。圣母左手托持着翻开的《圣经》，右手托抱着膝上的圣婴，而圣婴正用手在翻动着书页，圣婴眼睛虽然没有在看书，但自幼在圣母怀抱中的阅读场景将培养孩子终身的阅读习惯。这样的幼儿阅读场景在英国国家美术馆的绘画作品中并非个例，较为著名的还有《宝座上的圣母子和四位天使》（The Virgin and Child Enthroned with Four Angels）（下图右），这是由昆廷·马西斯（Quinten Massys，1456/6—1530）约于1505—1509年创作的，展现了16世纪初幼儿阅读的场景：圣母玛利亚被加冕为天堂的女王，她端坐在黄金宝座上，双手捧持着翻开的《圣经》；她和膝上的幼儿基督头上均散发着金色的光芒，表明了他们母子的神圣地位；幼儿基督颈上佩戴着红珊瑚珠，意寓他将会为拯救人类流下鲜血，而他的双手则把玩着翻开的经典上的书签。圣母显然是想从小培养基督阅读的习惯，并思考着基督的人生和命运。画作中的上下左右4位天使，正分别在为圣母玛利亚加冕和演奏音乐。在整幅绘画中，少儿阅读的主题居于最显著的中心地位，婴儿从出生便受到书香的熏陶，堪称古代通过绘画进行少儿阅读推广的艺术品。

15世纪后期与16世纪初的幼儿阅读

由意大利画家巴尔托洛梅奥·谢多尼（Bartolomeo Schedoni，1578—1615）于1613—1615年创作的《神圣家庭》（The Holy Family）（下图左）画作中，圣母玛利亚在儿子学习阅读时，温柔地将他抱在膝盖上；孩子用小手指按着单词，这是所有父母都熟悉的手势。孩子用一只手指着书上的文字，另一只手温柔地放在母亲的拇指上，圣约瑟则轻轻地托着打开的书。在柔和的金色光线下，紧密的构图营造出一种浓郁的家庭阅读的氛围和温暖感，而人物与画面的接近将参观者与画中人物紧密地联系在一起。尽管孩子可能并不能完全理解书中的内容，但已表现出强烈的好奇心。可以确定的是，从3岁前就养成的阅读习惯将对一个人一生的成长起到重要的作用。这幅表现神圣家庭的亲密而迷人的绘画，被认为是谢多尼在其生命的最后时刻所画的众多关于这一主题中最精美的一幅。此外荷兰画家尼古拉斯·梅斯（Nicolaes Maes，1634—1693）作于1655年的《摇摇篮的小女孩》（A Little Girl rocking a Crakle）（下图右），画中小女孩正在摇着摇篮，摇篮中的婴儿正在睡去，摇篮旁的书桌上放着一本翻开的书，小女孩的脸上洋溢着微笑，也许正在回味刚才阅读的心得体会。作为伦勃朗的得意门生，梅斯在这幅画中表现了阅读对于心灵所带来的喜悦之情。

17世纪前期和中期的幼儿阅读

女性阅读

女性阅读也是众多绘画中表现的重要主题。

由比利时画家罗吉尔·范德维登工作室（Workshop of Regier van der Weyden，约1399—1464）于1438年前创作的《莫德林阅读》（或译为《抹大拉阅读》）（The Magdalen Reading）（见下左图），也是一幅直接以阅读作为主题的绘画作品，作品中尽管莫德林的身后与前方均有其他人物存在，但却是无头人影和被裁截的人物，衬托了莫德林旁若无人的沉浸式阅读；莫德林穿着

15世纪30年代的女性阅读　　　　　　　　　17世纪40年代荷兰女诗人兼学者的阅读

华贵的绿色连衣裙静坐在橱前的地板上,手捧放置在白色布装书籍托架上的抄本图书认真翻阅,似乎正在思考回味着书中的文句内容;她的头和腿呈弯曲状,整个柔软的身姿呈半圆形,从而以阅读者的肢体语言表达出阅读中的知识吸收与收获,真是不可多得的女性阅读的经典画面。莫德林似乎正在阅读《圣经》,这从翻开的书页中以红色和蓝色的大写首字母缩写标记不同的章节可以看出。这也是一本豪华的抄本经典,书首和书扣均镀了金。书籍托架上覆盖着白色的衬布,作为一种包裹特殊书籍的书衣,起到保护书籍的作用。仔细观察,还可以看到书脊上边缘缝合处的微小彩色绳索书签。

由荷兰画家简·利文斯(Jan Lievens,或译为扬·利文斯,1607—1674)于1649年创作的《安娜·玛丽亚·范舒尔曼的肖像》(Portrait of Anna Maria Van Schurman)(见上右图),同样表现了女性阅读。画作的主人公安娜是一位荷兰诗人兼学者,她以渊博的学识和多方面的成就著称于世,并擅长利用玻璃材料进行绘制雕刻。简·利文斯以简练的画笔直达肖像主人的阅读神韵:安娜双手捧持翻开的图书,目光沉静坚毅,似在告诉人们,阅读使人进步,书中自有天地人文智慧,表现出一位女性学者在阅读中的雅致、高尚与沉稳。

英国国家美术馆陈列艺术品中展现的文献与阅读

青年阅读

由安德烈·德尔·萨托（Andrea del Sarto，1486—1530）创作的《一个年轻人的肖像》（Portrait of a Young Man）（见右上图），展现了16世纪初期一个青年人的阅读场景：青年男士坐在椅子上，椅子的栏杆似乎将其与其他人分隔开，从而为其创造了一个相对独立的阅读环境。其双手持拿图书的姿态表现出他对所阅读文献的尊重。他从书本的沉浸式阅读中抬起头来，看来可能是他的阅读受到旁人的干扰，其眼神中流露出一丝轻微的无奈和无声的责备。这也从一个侧面说明了阅读所需不被干扰环境的重要性。

16世纪初期的青年个人阅读

科学家阅读

由荷兰画家费迪南德·波尔（Ferdinand Bol，1616—1680）于1652年创作的《一位天文学家》（An Astronomer）（见右下图），是我们了解古代科学家阅读不可多得的绘画作品。波尔在作品中为人们描绘了一位天文学家正在阅读思考的场景：天文学家坐在简陋的书桌旁，桌上是翻开的大书，周围还有诸多各类图书和文献；他的右肘支在一本书上，大拇指和食指托在下巴处，眼睛望向前方，其眼神中所传递

17世纪50年代天文学家的阅读

出的专注和深邃让人感到他正在仰望星空，表面的沉静中透露出其内心思绪的波澜起伏，并显示出其对研究内容成竹在胸的自信。作品以简练和直接的笔触刻画出了科学家阅读所特有的气质。

集体研读

由荷兰画家赫布兰德·范·登·埃克豪特（Gerbrand van den Eeckhout，

英国爱尔兰行知录

17世纪50年代集体研读的场景

1621—1674)于1657年创作的《合影》(Group Portrait)(见左图),描绘了17世纪中期阿姆斯特丹库珀和酒业贸易行会的4位官员的集体肖像。作为对当时任职者的艺术记录,这个群体看起来显得自然、权威和逼真,表现了4位男士围聚坐在桌前进行集体研读讨论的场景。从文献和阅读的视角出发,画作中间正翻着一本图书的男士成为整个画作专业关注的焦点,最右侧靠在椅背上的男士则拿着羽毛笔,可能在书写或记录,而另外两个人似乎在深入交谈。中间持书阅读的男士体现了开卷有益,他看起来最放松,一只脚随意地放在桌子下面的台子上,可能对阅读的内容很有满足感,而桌子左右两端的两人形成一个对称的构图框架,从两人的手势可以看出他们都比较坚持各自在阅读中的感悟。作品背景墙上的巨幅绘画给阅读营造了一个典雅的环境,而作品左下方的小狗,则给集体阅读讨论营造了生活化的气氛。

僧侣与圣母及修士等的集体讲读

由弗拉·菲利波·里皮(Fra Filippo Lippi,1406—1469)创作于17世纪60年代的作品《圣伯纳德对圣母的憧憬》(Saint Bernard's Vision of the Virgin)(见右图),描绘了17世纪僧侣圣伯纳德运用书本文献进行讲读以维持宗教秩序的场景。当时圣伯纳德在法国克莱尔沃镇建立了一个重要的宗教秩序中心。画作中的圣伯纳德穿着简单的连帽长袍,以嶙峋的岩石作为座位和书桌,面前放着几本翻开和未翻开的相关文

17世纪60年代僧侣与圣母及修士等集体讲读的场景

献。他一手扶着放在托架上的翻开的图书，正在进行阅读、写作与思考。圣母玛利亚站在他的面前，两人之间形成了互动：圣伯纳德目不转睛地看着圣母玛利亚并对圣母表达着讲道的旨意，而圣母则专注于纸上的文字。画作后方还有两位修士蜷缩在远处的岩石后面。画作通过虚实融合、远近结合的方式，为人们展现了古代集体讲读的场景。

绘画作品尽管不能与历史著作以及后来出现的照片等文献等量齐观，但西方绘画极度的写实风格，也为我们了解和研究文献发展史及阅读发展史提供了艺术品视域和视角的历史资料，为相关的学习和研究提供了难得的图象信息，值得我们予以关注和重视。

以上所列举的英国国家美术馆绘画作品中的文献与阅读元素，只是整个美术馆藏2 000多幅作品中的很小部分，可谓画林拾贝。这些碎片化的文献与阅读元素，让我们从别样的视域看到了文献发展史上各种文献类型的发展样式和形态、各类文献装帧的精彩与多样；也让我们从艺术的维度看到了阅读融入家庭、宗教、婚姻、恋爱、音乐、法律、科研以及各年龄和性别群体，并与经济、政治、社会、自然、军事等都发生着紧密程度不同的联系，为图书馆学和文献学在研究世界文献发展史和阅读发展史方面，提供了一个艺术维度的全新视角；特别是西方美术史上许多写实作品如同摄影般的艺术呈现，为人们带来了如临其境、如见其人、如睹其物的直观感受，值得我们深度挖掘。需要指出的是，对于这一课题的研究，已经有了一些专门的成果，如英国学者大卫·皮尔森曾撰写了《大英图书馆书籍史话》一书，其中就以不少历史绘画中出现的图书文献和阅读场景作为研究的基础。又如英国学者克里斯托弗·德·哈梅林在寻访中世纪的非凡抄本的过程中，就曾以西方绘画中有关抄本的艺术呈现作为研究的重要文献材料。可以说，整个西方美术发展史乃至整个世界艺术发展史中有关的文献与阅读场景，显然是一个巨大的研究蓝海，对于丰富和拓展文献与阅读的研究来说，是有待进一步开垦的珍贵史料宝库。笔者试图抛砖引玉，为这一维度的研究添砖加瓦。

当我们在结束参观后带着满满收获准备离开英国国家美术馆时，看到廊道上的巨幅临展广告："高更的肖像（The Credit Suisse Exhibition: Gauguin Portraits）"（见下图）将于2019年10月7日至2020年1月26日在这里展出，但这时我们已经回上海了。

"高更的肖像"临展广告

参考文献

1. 推出"对话世界"文物艺术系列大展第二展[EB/OL]. [2023-02-03] https://www.shanghaimuseum.net/mu/frontend/pg/article/d/I00004559.
2. （英）大卫·皮尔森（David Pearson）著. 大英国书馆书籍史话：超越文本的书[M]. 恺蒂，译，南京：译林出版社，2019.
3. （英）克里斯托弗·德·哈梅林（Christopher de Hamel）著. 非凡抄本寻访录[M]. 林国荣，译，北京：社会科学文献出版社，2020.

英国国家图书馆及部分珍贵馆藏

英国国家图书馆

1998年开放的圣潘克拉斯新馆

英国国家图书馆（BRITISH LIBRARY）是全世界最大的国家图书馆之一。1973年英国议会所通过的《1972年英国图书馆法案》（British Library Act 1972），标志着如今的英国国家图书馆的建立。英国国家图书馆在建立之初及以后的若十年中，曾先后将英国国家博物馆图书馆部、国家中央图书馆、英国国家书目局、国家借阅图书馆、科学和技术信息办公室、印度事务部图书档案馆、不列颠录音资料馆等机构合而为一，形成了如今规模宏大的英国国家图书馆。英国国家图书馆的管理和服务在多个空间进行运作，如成立于1753年的

英国爱尔兰行知录

英国国家博物馆图书馆部于1973年后划归英国国家图书馆管辖，这里有许多私人收藏，还有英国王室1757年捐赠的历代收藏以及有200多年历史的英国图书版本托存和采购的文献。又如位于英国中部约克（York）的文献提供中心，这是全球图书馆中最大的跨境文献提供服务中心，以及位于伦敦中心北部、1997年落成并于1998年6月25日开放的圣潘克拉斯新馆（St. Pancras）。

英国国家图书馆新馆所处街区和公共交通

坐伦敦地铁蓝线就可以到达英国国家图书馆，这里有专门的站点（King's Cross St. Pancras），出站后约150米处就是新馆所在街区。图书馆门口还有不少公共汽车站点，为读者和参观者提供了交通的便利。

被誉为第一阅览室的圣潘克拉斯新馆始建于1982年，经历了15年的建设历程，建筑面积为11.2万平方米，馆藏有1 200万册文献。整体建筑的红砖排楼错落起伏，在全世界众多图书馆中形成了独具特色的建筑符号，令人过目不忘。

英国国家图书馆新馆红砖排楼

英国国家图书馆及部分珍贵馆藏

英国国家图书馆入口处的大门上，由"BRITISH LIBRARY"的英文字母作门格装饰设计，显得简洁典雅，既标示了空间的主题，又能让公众透过字母间的缝隙看到内中的广场雕塑和建筑轮廓。

英国国家图书馆入口处（左图为从外观内，右图为从内观外）

步入大门，映入眼帘的是一尊巨型牛顿（Isaac Newton，1643—1727）雕塑，读者和参观者将穿越时空，仰望牛顿手持圆规，在思考与规划万有引力如何运作、地球如何运行、行星如何运动，使人们仿佛置身于17—18世纪牛顿创立牛顿力学、创立流数法和微积分、创制牛顿色盘、发现牛顿环的场景之中，充满了科技创新的历史感和穿起时空的想象力。

英国国家图书馆广场中的牛顿雕像

作为公共文化空间，英国国家图书馆读者如流。这里有数量众多的查阅文献的公众，也有不少休闲参观的市民。在图书馆广场上，设置有读者休闲区域。

说起英国国家图书馆，人们脑海中往往会出现苍穹型的圆顶大型阅览室，这一创意来自安东尼奥·帕尼兹（Antonio Panizzi，1797—1879）。曾经担任图

英国国家图书馆广场中的休闲区域

书馆管理员的安东尼奥·帕尼兹,于1856—1866年间担任了英国国家博物馆馆长,当时由于图书馆空间不足,安东尼奥·帕尼兹便计划在博物馆中央庭院建一个新的圆形阅览室,周围环绕以4个铸铁书库;这一举世闻名的苍穹型阅览室于1857年对外开放。

英国国家图书馆新馆为读者服务的空间分为6层,其中LG、G和UG层为学习中心、邮局、银行、衣帽间和更衣间、画廊、商店和书店、读者注册、咖啡吧等;一层为人文学科、珍本图书与音乐、社会科学等阅览区,以及露台餐厅和咖啡吧等;二层为人文学科、手稿、自然科学、新闻等阅览区和画廊;三层为亚洲和非洲研究、地图、自然科学阅览区等。

进入G层的读者注册和休闲区,壁墙上有名人雕塑。家具中有一铜质书籍雕塑坐椅,其设计很有创意,寓意可理解为中国文化中的"开卷有益"。

亚洲和非洲研究阅览室(图片来自英国国家图书馆介绍手册)

英国国家图书馆及部分珍贵馆藏

英国国家图书馆的各类雕塑

《金刚经》

在英国国家图书馆的纪念品商店，我们购买了《纪念品指南》（Souvenir Guide，10英镑），该《指南》着重介绍了馆藏中最具历史文献价值的代表性传世珍品，其中有关于1900年发现于敦煌藏经洞的《金刚般若波罗蜜经》的介绍，为唐咸通九年（公元868年）刻印。以下是《指南》中的介绍文字：

《金刚经》是公元868年在中国出版的佛经，是世界上最早的完整印刷书籍。印刷术在亚洲的出现要比世界上其他任何地方都要早得多。《金刚经》插图的质量清楚地表明，在它之前有相当长的一段时间的经验和技能。1907年，考古学家马克·奥雷尔·斯坦因爵士（Sir Marc Aurel）在中国西北敦煌附近的莫高窟寺庙的一个藏经洞中发现了《金刚经》卷轴，这是其中之一。在成千上万的手稿中，这是为数不多的印刷品。

英国国家图书馆《纪念品指南》中的《金刚般若波罗蜜经》

在馆藏精品中,有一些堪称镇馆之宝的历史文献,这里介绍几种。

西奈古抄本

西奈古抄本(Codex Sinaiticus) 这一古抄本是约公元4世纪中期由希腊文写成的《圣经》,为完整《新约》的最早写本和最早的《圣经》,被誉为无价之宝。

英国国家图书馆《纪念品指南》中的西奈古抄本

大宪章

大宪章(Magna Carta) 这是1215年6月15日由英王约翰(无地王)签署的法律文献,共63条,被学界称为《自由大宪章》,长期以来一直被认为是

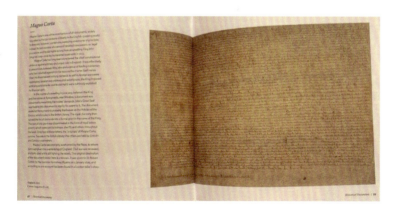

英国国家图书馆《纪念品指南》中的《大宪章》

英国反对专制和不公正统治的主要宪法,成为英国确立君主立宪制的宪法性文件,也被认为是自由价值的基石。

达·芬奇的手稿笔记本

达·芬奇的手稿笔记本(Leonardo da Vinci, Notebook) 这一由达·芬奇本人保存的亲笔手稿笔记本,其文献的初始状态并不是一个合订本,而是在达·芬奇去世之后用活页纸拼接而成。笔记本中记录了达·芬奇从力学到鸟类飞行等各种主题的短篇论文、注释和图画。笔记是用意大利语写的,从右向左移动书写,这是达·芬奇的独特镜像书写方法。这一手稿笔记本曾由英国最伟大的艺术收藏家托马斯·霍华德(Thomas Howard,1586—1646)收藏,1681年由托马斯·霍华德的孙子亨利·霍华德将其赠送给了英国皇家学会,并于1831年移交给英国国家博物馆。下图为达·芬奇所绘草图,包括飞行中的小鸟和水的运动的图解。

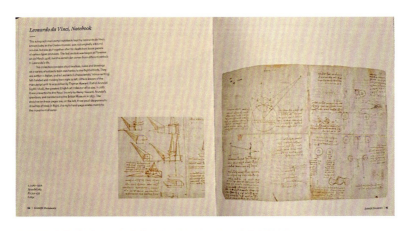

英国国家图书馆《纪念品指南》中的达·芬奇手稿笔记本

苏格兰国家图书馆

苏格兰国家图书馆位于爱丁堡市中心Grange Road街上，距离苏格兰国家博物馆南侧不远。整个建筑并不十分显眼，入口处不大，如非特别关注，可能会错过这一文化景观，但建筑外悬挂的一排蓝色竖式机构名彩旗（National Library of Scotland）显得较为醒目。

爱丁堡苏格兰国家图书馆

本着专业的好奇心，我们在拍下建筑外观照片后便入内参观。进入大厅，便可看到图书馆的楼层导引图以及馆内正在举办的包括展览在内的有关读者活动的宣传。图书馆的读者服务分布在3个楼层：1层为展览区、咖啡吧、图书馆商店、登记注册区（进入阅览区前需要登记注册）、社交区、读者座位区、网络资源检索区，以及储物柜和洗手间等；2层为普通阅览区，也设有储物柜和洗手间；3层为特殊馆藏阅览区。

苏格兰国家图书馆

苏格兰国家图书馆的登记办证处

苏格兰国家图书馆商店

在1楼的展览区，可以看到有苏格兰国家图书馆大事年表，清晰生动地展示了苏格兰国家图书馆与苏格兰发展轨迹的重要历史节点：苏格兰国家图书馆创建于1689年，1710年有了第一个版权艺术部，1925年开启了国家图书馆苏格兰艺术部，1956年乔治四世大桥建成，1995年铜锣湾大厦落成，2009年参观者中心开放。从馆藏文献观察，作为国家知识和文化的宝库，在2019年8月我们参观时，苏格兰国家图书馆的读者导引手册提供了馆藏文献的详细数据：

苏格兰国家图书馆是苏格兰最大的参考图书馆，也是世界苏格兰研究的中心。从早期的手稿和最早的印刷文献，一直到如今的数字文献，馆藏总量超过2 900万册/件，每年大约增加25万册/件，每周有近6 000件各类新文献藏品的增量。各类藏品包括：1 600多万册印刷品图书、200万张地图和地图册、200万份手稿、200万份英国和苏格兰议会的官方出版物等、数十万份国际和外语出版物、37万件印刷乐谱、4.6万件电影及相关资料、25 000万种报纸和期刊等；此外，还收藏有数以百万计的各类数字文献，包括连续剧、商业目录、研究论文、报纸、海报、小册子，等等。

苏格兰国家图书馆馆藏文献中，收藏了1900年之前的早期苏格兰印刷品和英国、欧洲与北美的书籍，以及中世纪以来的各种苏格兰的手稿，这些手稿涵盖了苏格兰人生活、活动和兴趣的许多方面；该馆地图和地图册的藏量是世界上最多的。艺术文献藏品中，有歌剧和流行歌曲、苏格兰民间音乐录音、作曲家档案和手稿、出版商档案、文学论文，以及政治、社会、传教士和军事活动影像档案等。作为爱丁堡电影节所在城市的主要图书馆，苏格兰国家图书馆馆藏中有46 000多件与电影相关的藏品，记录了苏格兰100多年的电影历史。

进入图书馆大厅，人们便会被台阶间一行行文字所吸引，让人有抑制不住的攀登书山的感觉。在第一层楼的台阶间，显示着有关正在举办的展览活动的信息：

Northern Lights

北极光；

Ideas that Shook the World

震撼了世界的思想；

Free Scottish Enlightenment Exhibition

免费的苏格兰启蒙展；

Enlightenedscots

开明的苏格兰人。

苏格兰国家图书馆大事年表和文献典藏显示图

本书作者王世伟在苏格兰国家图书馆楼梯台阶上留影

而在第二层的楼梯台阶间,则显示了苏格兰哲学家休谟的名言:

"literature has been
the ruling passion of my life"
David Hume
"文学一直是我生命中最主要的激情"
大卫·休谟

在这样的台阶上拾级而上,使人有一种阅读经典的神圣感,读者对文化知识的向往之情油然而生。

在图书馆各层的楼梯墙壁上,悬挂有各类珍贵的艺术绘画和历史照片,而在楼梯的拐角处,则陈列有著名人物的雕像,如曾担任过爱丁堡大学校长的苏格兰哲学家和历史学家托马斯·卡莱尔(Thomas Carlyle,1795—1881)。

显示大卫·休谟名言的苏格兰国家图书馆台阶　　苏格兰国家图书馆的托马斯·卡莱尔雕像

苏格兰国家图书馆在一层的过道处设有读者捐赠箱,这在英国所有的图书馆和博物馆中都很普遍。读者手册上也印有这方面的倡议:支持苏格兰国家图书馆的工作并投资于世界上最大的图书馆之一,通过加入我们的赞助人和赞助人计划,您将获得独家利益,并帮助我们保存苏格兰和世界其他文化的知识记录。

苏格兰国家图书馆每年都会举办各种免费展览、研讨会以及文学和教育活动。这些展览中所展示的文献,使读者比以往任何时候都更容易获得和享受图书馆的信息和知识宝库。

苏格兰国家图书馆的捐赠箱　　　　苏格兰国家图书馆展厅中所陈列的文献展品

走出图书馆外,使我感到有点意外的是,在庄重的苏格兰国家图书馆大门外侧的马路上,馆方用围栏临时设置咖啡桌供读者和参观者使用,这或许与英国人喜欢亲近自然的文化习惯有关吧。

苏格兰国家图书馆

苏格兰国家图书馆大门外临时设置的咖啡桌

爱丁堡城市议会中心图书馆

爱丁堡城市议会中心图书馆（The City of Edinburgh Council Central Library）相当于中国城市的中心图书馆的总馆，位于爱丁堡乔治四世桥附近的Grassnarket街上，其西北方是爱丁堡城堡，南边是爱丁堡国家博物馆，均相距不到1公里，步行10分钟即可到达。同欧美等西方发达国家的城市图书馆一样，爱丁堡的公共图书馆服务也是城市中心图书馆体系，据中心图书馆网站的爱丁堡公共图书馆地图显示，在城市中心区有9家中心图书馆总分馆的服务点。

由于不清楚爱丁堡议会中心图书馆的开放时间，笔者首次到访时适逢闭馆，于是择时再次前往。据读者服务开放时间的提示，爱丁堡议会中心图书馆周一至周三开放时间为上午10点至晚上8点，周四至周六开放时间为上午10点至下午5点，周日闭馆。

爱丁堡城市议会中心图书馆入口处与墙上的格言

爱丁堡议会中心图书馆是一座古老的建筑，进门处是厚重的木门，木门上方的外墙上雕刻着一行字："let there be light"，表达了图书馆传播知识和智慧光芒的寓意，让读者在这里通过问学问道照亮前行的征途。入门前抬头仰望，让人油然而生一波直达内心的温暖和感动。

爱丁堡议会中心图书馆共有5层，1层为儿童服务区，2层以上有艺术图书馆和设计图书馆等主题图书馆（Atr & Design Library），顶层为参考图书馆（Reference Libraries），另外设有包括为董事会开会用的会议厅等。在分层导引指示牌上，分别标注了读者需要到达服务区域的楼梯台阶数，如从1层到达顶层的参考图书馆需要上60个台阶，但图书馆也设有电梯。

让我们感到有些意外的是，在艺术与设计图书馆区域，专门辟有照片图册区（photography books）。这里墙上有各类照片的陈列，书架上均为艺术和设计类的照片图册；这样的文献展示，在笔者参观的国内外各类图书馆中很少看到。

爱丁堡城市议会中心图书馆的艺术主题阅览区

爱丁堡城市议会中心图书馆的照片图册区

爱丁堡城市议会中心图书馆的参考阅览区

给我们留下深刻印象的是顶层的参考图书馆。与欧美众多图书馆的空间设计类似,这里有着高大的穹顶,有助于思维的发散与驰骋。与图书馆外旅游中心的人山人海和人声鼎沸截然不同,这里是典雅宁静的阅读场所,所有的读者(以中老年为主)都在极为认真地专注于书本阅读和屏幕查询。参考阅览区陈列的图书分为上下2层,各有6层书架,在3面书架中间,会放置如桌面高低的矮短书架,平面上展开着一本大书,向每一位读者无声地传递着"开卷有益"的阅读理念。

我们在参考阅览区的墙壁上发现陈列有60多年前的参考阅览区的照片,与现在相比,参考阅览区的建筑和家具等几无变化,但经过半个多世纪信息技术的发展,读者阅读学习的方式发生了巨大的变化;如果说1958年时读者几乎全部都在阅读纸质文献的话,那么,从2019年笔者拍摄的现场照片可以看到,读者几乎是人手一台电脑了。

参考阅览区设有多台站立式查询电脑,方便读者随时进行网上查询。参考馆员的圆桌咨询台前,放置有2张椅子,方便读者坐下来与馆员交流。

爱丁堡城市议会中心图书馆的参考阅览区(左1958年,右2019年)

爱丁堡议会中心图书馆也充分利用了走廊和楼道等空间，如在艺术与设计主题图书馆区域的楼道里，陈列有各类艺术绘画和相关文献的介绍以及人物雕塑。我们还看到有移动式的展板，正在展出有关图书馆文化遗产的主题，包括文献的书写载体、书写人物、书写材料以及未来的书写发展等内容。

爱丁堡议会中心图书馆还陈列有2011年8月爱丁堡国际图书节期间不少社会公众匿名捐赠的艺术设计"文献"，有的设计体现了"迷失在一本好书中"的意境，有的设计成"放大镜"形状，还有的设计成茶、蛋糕和书的组合，成为编织的艺术品，这些设计的创意和想象力令人暗暗叫绝。

爱丁堡城市议会中心图书馆的移动主题展览　　社会各界匿名捐赠的艺术设计"文献"

英国和爱尔兰若干图书馆印象

国际图联主席卢克斯对图书馆发展史的总体勾勒

本书作者王世伟与国际图联主席卢克斯（左）合影（2016年4月23日）

对于世界图书馆的发展，曾经担任国际图联主席和卡塔尔国家图书馆馆长的卢克斯（Claudia lux）曾经作过这样的总体勾勒：公元前300年的欧洲图书馆，面向天文学、植物学、语言学、动物学；6—15世纪的欧洲修道院图书馆，面向神学、哲学、文学、艺术、科学；16—19世纪的欧洲图书馆，面向人文学科、艺术和科学方向发展（卢克斯：《世界范围内的图书馆：发展与挑战》，载《图书情报知识》2009年第3期第5—6页）。

以上卢克斯所归纳的图书馆历史轨迹和时代特征，都可视作世界公共图书馆的前期积淀；19世纪后50年在英国和美国出现的图书馆，则被认为是近代意义的公共图书馆。这些公共图书馆具有三大特点：一是向所有读者免费开放；二是经费来源于地方行政机构的税收；三是图书馆的设立和管理必须有法律依据。这就将公共图书馆与此前具有公共性质要素的图书馆区分了开来。

英国和爱尔兰若干图书馆印象

在英国的英格兰、苏格兰、威尔士、北爱尔兰以及在爱尔兰的两个月访问

英国和爱尔兰若干图书馆印象

旅行中，我们先后参观了数以十计的国家图书馆、城市图书馆总馆、社区图书馆、专业图书馆等，对英国和爱尔兰的公共图书馆留下了初步的实地体验的直观印象。总体而言，英国和爱尔兰公共图书馆给我的印象有四：一是公共图书馆（包括国家图书馆）遍布城市社区，利用较为便捷，读者或多或少；二是图书馆服务形成了特色，因馆制宜地推出了一些优质的服务内容；三是不少图书馆走出了文旅融合的新路，许多文创产品颇具吸引力；四是个别公共图书馆未能与时俱进，出现了门可罗雀的现象。

伦敦伊令社区的中心图书馆

在伦敦期间，我们较多的时间居住在伦敦西部的伊令地区，这里交通便捷，以独栋的别墅为主，第二次世界大战期间基本没受到德军的轰炸破坏，属中高收入居民区。

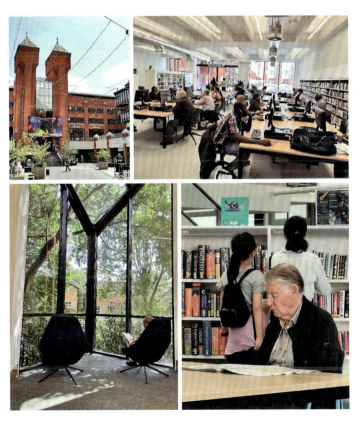

伦敦西区伊令中心图书馆

在伊令商业中心，有社区的中心图书馆，与购物、娱乐、餐饮融为一体。进入图书馆无须办理任何手续，馆中读者不少，有的在看电脑，有的在看纸质报纸，还有的坐在休闲椅上轻声聊天。图书馆中既有书桌、电脑供阅读和查询，也有面向社区花园的个性化的座椅设计。

贝尔法斯特莱能霍尔图书馆

在北爱尔兰的贝尔法斯特市政厅附近，有一家莱能霍尔图书馆（Linen Hall library）；由于城区道路曲折复杂，我们先后询问了四五个路人，总算找到了。图书馆大门不大，但显得典雅庄重。

莱能霍尔图书馆

莱能霍尔图书馆创建于1788年，迄今已有200多年的历史。提升读者的心智并刺激大众探索知识的好奇心，成为该馆创建的初心和追求。馆藏26万册图书中，有一半以上是有关爱尔兰当地的文献，其中也有与北爱尔兰相关的政治文献，因此，莱能霍尔图书馆是一个具有爱尔兰地方历史文献收藏特色的公共图书馆。

莱能霍尔图书馆的2层，专设有面向公众的咖啡厅。给我留下深刻印象的是，这里有不少文创产品出售，在礼品展台和书架上，各类文创纪念品琳琅满目。有一款黑色文创拎包上写着醒目的白字：If you have a garden and a library you have everything you need（如果你拥有一个花园和一个图书馆，你就拥有

莱能霍尔图书馆阅览室

莱能霍尔图书馆的文创产品

任何你所需要的东西）。在文创产品的营销中，同时把公共图书馆的价值观也融入其中，不能不令人为之点赞。

都柏林马什图书馆

在爱尔兰的都柏林，我们慕名前去参观了著名的马什图书馆（Marsh's library）。该图书馆由大主教马什（Narcissus March，1638—1713）创办，开放于18世纪初的1707年，被称为爱尔兰第一家"公共图书馆"，也是具有学术研究型图书馆性质的文化景点；尽管经历了数百年的历史，其古老的建筑依然保存着初始的风格。

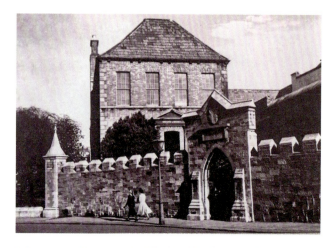

1952年的马什图书馆（图片来自马什图书馆的明信片）

入图书馆内参观，需购买3欧元的门票，并且不能在内拍照。图书馆共有两层，面积不大。

马什图书馆的大门

从楼梯登上2楼，便可看到左右两边颇有气势的成排书架，书架一般从底至顶分为7格，放满了欧洲15—18世纪的重要书籍和手稿。分量最重的书一般放在较低的书架上，而较小的书一般放在较高的书架上，这些较小的书往往是更具时事性特征或有争议性的文献。据介绍，该馆目前的书籍分类排架与主题顺序位置以及各类陈设，依然保持着18世纪初的模样。藏书区的走廊中间，陈列着一些文献的展橱。

马什图书馆的馆藏分为两个收藏区域，第一区域收藏了属于17世纪晚期英国牧师爱德华·斯蒂林夫佛特（Edward Stillingfeet）的1万本左右的图书，这些图书涉及历史、法律、政治、古典研究和科学等方面的内容，图书馆的创始人马什大主教（Archbishop Narcissus Marsh）当年曾花费2 500英镑买下这些书，这在当时也是一笔巨款。在图书馆的第二收藏区域，保存着马什大主教的私人收藏。马什大主教是一位才华横溢的语言学家，他的收藏包括了希伯来语、阿拉伯语、亚拉姆语、叙利亚语等语种的图书；同时马什大主教对科学也有浓厚的兴趣，故其私人收藏中还包括牛顿的《数学原理》第一版（1687）等珍贵文献。马什大主教去世后，其私人收藏就赠给了这个图书馆，但其中的东方手稿部分则入藏了牛津大学图书馆。此外在第二收藏区域，还保存着主教约翰·斯特恩（John Stearne）的私人藏书，其中以文学著作为主，尤以戏剧和诗歌的数量居多，也是研究爱尔兰的重要文献。

在图书馆的书架之间，有一小型的阅览区，分为数个相对独立的阅览小空间。1866年，爱尔兰著名小说家布莱姆·斯托克（Bram Stoker，1847—1912）曾来该馆，1902年，作家、诗人詹姆斯·乔伊斯（James Joyce，1882—1941）也曾来该馆，当时他们就坐在这个阅览区的椅子上。

马什图书馆的藏书架和阅览区（图片来自马什图书馆的明信片）

在过去数百年的发展历程中，来自全世界的游客曾来这里参观图书馆的建筑，领略其文化氛围。马什图书馆现为一个注册的慈善机构，来自社会各界的捐赠，使该馆坚持向游客开放。

参观完马什图书馆，在回宾馆的途中，在街上偶见The French Library，专业的好奇心驱使我们入内察看，发现这是一个学习法国语言文化的场所，可以称作一个小型的专题文献点，还不是真正意义上的公共图书馆，但用了图书馆的名称。

维多利亚埃伯特博物馆图书馆

在英国，博物馆中一般都设有图书馆，成为专业的图书馆，如在伦敦海德公园南面的维多利亚埃伯特博物馆参观时，偶见有大型的图书馆阅览室，内中读者不多，但不对游客开放；在得到图书馆管理员的许可后，我们顺便拍了几张照片。

剑桥社区图书馆

在去剑桥大学的路上，经过剑桥大学城，这里文化气息甚浓，有大小各类书店，街区中还有一家社区图书馆（Eton Library）。入内参观，发现没有一位读者。馆内面积约100平方米大小，书刊不多，且有些陈旧，阅览环境缺乏活力和吸引力。我们与当值的年轻女管理员进行了交流，她热情地答应我给她拍了照片。她告诉我们，图书馆每天可能就几个到十几个读者来看书或借书，一周开放4天，一天开放3—6个小时不等。由于英国公共图书馆制度历史悠久，公共图书馆的体制在该馆尚保存着，但有些服务内容、服务技术和服务方式尚未能与时俱进，这样的公共图书馆在大学城中对读者难以形成吸引力。

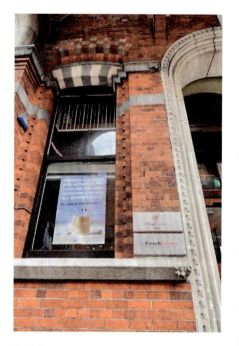

都柏林的 The French Library

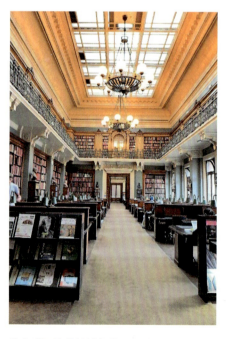

维多利亚埃伯特博物馆图书馆

英国和爱尔兰若干图书馆印象

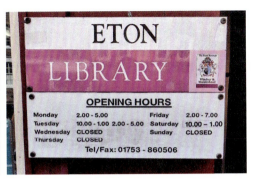

英国剑桥大学城中的社区图书馆

来自图书馆的救赎

关于英国公共图书馆，可以参看《单读26：全球真实故事集》（上海文艺出版社2021年）一书，这是首个全球记者奖"真实故事奖"获奖作品中文合集，其中收录了剧作家和绘本作家王梆撰写的《英国民间观察：附近、公共和在地的造乡》一篇，较为具体地介绍了作者对于英国公共图书馆实地考察的感悟，对于我们了解英国公共图书馆的情况颇具参考价值，这里摘录其中几段内容：

在英国，几乎每个城区或乡镇都遍布着大大小小的图书馆。如果说公共礼堂是某地的心脏、马路是血管，那么图书馆就是脑颈。有的村子很小，小到可以蹲在村中心，闭上眼睛，用听觉丈量——即便如此，那样的村子也少不了一家图书馆。

村图书馆不但流转着最新的图书和资讯，还收藏着每个地区近千年的地方史和档案资料。比如我居住的村庄，位于英格兰西南水乡，自伊丽莎白一世后，便是英国重要的农业基地，因此村里的图书馆不但保留了人文史，还藏有大量的地况资料和治水秘籍。

我经常在图书馆附近瞎逛。容纳图书馆的村礼堂，一座巧修边幅（Artisan Mannerist）的黄砖建筑，是1698年在农夫罗伯特·阿肯斯托尔（Robert Arkenstall）留下的土地上修建的。

图书馆只有一百多平方米，绵密的绿植和高大的法式玻璃窗，将它装扮得像一只精巧的音乐盒，只等书页上的文字启动脑海的琴键。

一切得从图书馆的历史说起。按1964年颁布的《英国图书馆和博物馆立法》（Public Libraries and Museums ACT），地方政府必须免费为当地居民提供图书馆服务，于是同年9月，村主街道上便建起了第一座图书馆（后迁至今天的村礼堂）。弗雷达·克洛夫茨（Freda Crofts）是彼时的图书管理员，也是历史文献行业的专业级骨灰粉（Enthusiast）。弗雷达·克洛夫茨收集一切，剪报、地契、出生纸、入葬记录、氧化的日记本……简单概括，就是"一个村庄的生老病死和喜怒悲哀"。1973年，她创立了"村学档案库"，里面容纳了她一生的藏品，包括近千张旧照片。

弗雷达·克洛夫茨是全职图书管理员，待遇也不错，工资算英国中等收入水平。但她的时代（即英国民主社会主义的黄金时代）在撒切尔上台之后就渐渐走向了小冰期。1990年，因公共财政减缩，村图书馆开始频频收到准闭馆通知。到了1995年，村民们坐不住了，召集人马，自发创建了一个叫"图书馆之友"的民间社团（Community Organization），暗下决心，如有不测，"之友"绝不会让图书馆"坐以待毙"。

2003年9月6日，地方政府正式下达了闭馆通知。"之友"旋即召开紧急会议，以"只要纳税人愿意支付物业管理费，我们就不要一分工资"为饵反复游说，终于说服地方政府，将图书馆的管理权转到了"之友"名下。邻村的吉恩·亚当森（Jean Adamson）女士也参加了那场图书馆保卫战，她是英国著名的童书作家和插画家，在她的影响力下，闭馆不到一个月，图书馆又重新回到了轰隆的轨道上。

2003年，英国有4 620家公共图书馆，其中被通知关闭又在民间社团力量下重启的，难以计数。2008年金融危机，政府保银行不保冻死骨，大砍福利基金和公共服务开支，尽管如此，截至2019年，英国仍有4 145家图书馆大难不死。很重要的一个原因是，民间社团不让它死。单我所在的剑桥郡，47所公共图书馆中，民间社团打理的（Community Managed Libraries）就占了11家，拥有911名志愿者。①

---

① 引自《中华读书报》2022年9月7日第12版。

贝尔法斯特中心图书馆

北爱尔兰贝尔法斯特的城市命名来自法斯特河（River Farset），其爱尔兰语含义为法斯特的河口。与英国的其他城市一样，城区中分布着公共图书馆的服务网络，其中贝尔法斯特中心图书馆（Belfast Central Library）与莱能霍尔图书馆（Linen Hall library）都是较有特点的公共图书馆。

贝尔法斯特中心图书馆的维多利亚风格建筑

贝尔法斯特中心图书馆于1884年6月由爱尔兰斯宾塞伯爵（Earl Spencer）奠基，威林·莱恩（WH Lynn）负责设计，当地建筑商马丁（H&J Martin）公司负责建造。1888年10月，贝尔法斯特中心图书馆正式对市民开放，这一时间成为贝尔法斯特城市发展历史轴上的重要记忆点。200多年来，这座维多利亚建筑一直保持着它的建筑风格，成为贝尔法斯特公共图书馆文化符号的象征。

这座3层建筑由砂岩建造而成，底座为黑色花岗岩，顶部设计有围栏，巨型窗户的上方设计成圆形的拱门。

英国爱尔兰行知录

贝尔法斯特中心图书馆的大厅与楼梯

本书作者王世伟在贝尔法斯特中心图书馆留影（右图）

　　经旋转门进入图书馆后，首先映入眼帘的是读者服务大厅的圆柱和一个装饰有铁栏杆的楼梯，楼梯延续了墙壁上的花纹图案。图书馆在不同季节有不同的开放时间，我们8月参观时正值夏季服务时间（6月至8月），每周开放6天，每天从上午9点开放至下午5点30分（其中周六从上午10点至下午4点30分），星期天闭馆。图书馆的读者服务集中在3个楼层，G层为计算机检索中心、外借服务和少年儿童服务；第一层为读者注册咨询处、会议厅，并陈列有许多历史文献；第二层为参考阅览区，收藏有历史等专业文献，该层楼上为艺术音乐文献阅览休闲专区，放置有钢琴供读者演奏。楼梯通向二楼的参考阅览区和音乐艺术阅览区，那里有宏伟的圆顶设计，使得参考阅览区光照充足。这个区域原先被用作一个艺术画廊。

贝尔法斯特中心图书馆

 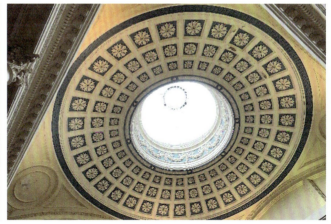

贝尔法斯特中心图书馆的参考阅览室（左）与建筑圆顶（右）

当我们登上第二层楼上的音乐艺术主题阅读空间时，被悦耳的琴声所吸引，寻声而去，发现有一位女士正沉浸在钢琴演奏之中。

音乐艺术文献是贝尔法斯特中心图书馆馆藏及读者服务的重要特色。在图书馆音乐艺术主题阅览区的走廊上，陈列有各类音乐文献，墙上挂有各类乐器的照片；这里还保存

贝尔法斯中心图书馆音乐艺术主题阅览室

着传统的音乐文献目录柜，柜子上面陈列着各类唱片的封套。

贝尔法斯中心图书馆音乐艺术主题阅览区

109

英国爱尔兰行知录

我们参观贝尔法斯特中心图书馆时，适逢馆中正在举办反映欧洲历史的专题展览"伊比利亚到西伯利亚——基于欧洲重要文献的视角"（Ibéria to Siberia——Europe in Fine Books），展期从2019年5月至8月，正好让我们赶上。这里陈列有琼·布劳（Joan Blaeu）编撰的《Atlas Malor》（1662—1672阿姆斯特丹出版），共12卷，包括近600幅地图，被认为是17世纪出版的最大、最昂贵的图书；有1667年古罗马里希厄（Rhaetiae）的地图；有彼得·西蒙·帕拉斯（Peter Simon Pallas）撰写的1793年至1794年在俄罗斯帝国南部省区的游记，1802年伦敦出版；有约瑟夫·哈代（Joseph Hardy）撰写的在庇里牛斯高山的旅游图册，1825年伦敦出版；有关于意大利水彩画艺术家沃尔特·廷代尔的（Walter Tyndale）精美图册，1913年伦敦出版，等等。

贝尔法斯特中心图书馆历史文献主题展

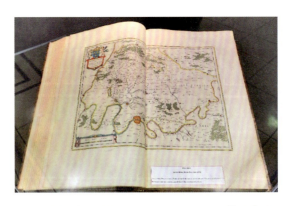

《Atlas Malor》地图册，1662—1672阿姆斯特丹出版

贝尔法斯特中心图书馆也承担着服务少年儿童的功能,在少年儿童阅览区,各类设计都与儿童阅读的特点相吻合。

贝尔法斯特中心图书馆曾在第二次世界大战期间的1941年遭受过贝尔法斯特闪电战（Belfast Blitz）的破坏,之后进行过修复,但随着时间的推移以及由于水的侵蚀,建筑外部已经恶化,亟须修复。

贝尔法斯特中心图书馆少年儿童阅览区

2010年,图书馆进行了石雕修复、屋顶灯更换和屋顶翻新,这项修复工程耗资100多万英镑。工程所用替代的砂石均采自原始的采石场,并在工程中采用了最新的修复技术。在20世纪的百年历史中,该馆建筑经历了20年代主楼后方的扩建并形成了借阅区,在60年代和80年代根据文献收藏的增长又相应增加了书库存储空间。

令人振奋的是,贝尔法斯特中心图书馆以"一个不断发展的图书馆"（An evolving library）的理念正在酝酿建设新馆。新馆的愿景是成为21世纪最先进的图书馆,将拥有公众所期望的大城市公共图书馆所应提供的相应设施,将为贝尔法斯特图书馆文化区的成长重塑发挥重要作用,同时将对艺术场地和图书馆广场的发展有所裨益,还将成为大学建筑的现代化延伸。酝酿规划中的新馆将面向图书馆广场开放并迎接每一位读者的进入。

2018年,创建于1888年的贝尔法斯特中心图书馆迎来了建馆130周年的庆典,少儿读者用他们的智慧和想象力组成了庆祝的图案。

贝尔法斯特中心图书馆130周年儿童创作艺术展示窗

曼彻斯特大学约翰·瑞兰德斯图书馆

位于英国曼彻斯特城区中心的约翰·瑞兰德斯图书馆是曼彻斯特大学图书馆的一部分，其地址为150 Deansgate Manchester M3 3EH，网址为www.manchester.ac.uk/library/rylands，周边有法院和市政厅，其英文全称为The University of Manchester The John Rylands Library，或简称为John Rylands Library，中文名译为"约翰·瑞兰德斯图书馆"或"约翰·莱兰兹图书馆"。这是一幢4层高的古老建筑。2019年8月1日，当我们慕名来此参观时，为其精致而独特的内外建筑设计和丰富的馆藏及文旅融合的创意所吸引，当天参观后感到意犹未尽，8月2日再次前往参观，并购买了关于图书馆的指南和介绍性图书，以进一步深入了解该馆的发展历史和馆藏珍品。

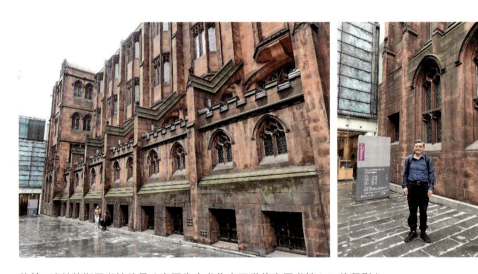

约翰·瑞兰德斯图书馆外景（右图为本书作者王世伟在图书馆入口处留影）

约翰·瑞兰德斯图书馆的源起

1900年落成开放的约翰·瑞兰德斯图书馆由恩瑞奎婼·瑞兰德斯（Enriqueta Rylands，1843—1908）建造，以纪念其丈夫约翰·瑞兰德斯（John Rylands，1801—1888）；这一纪念图书馆也是送给曼彻斯特市民的礼物，被誉为世界图书馆发展史上的伟大图书馆之一。

恩瑞奎婼（1843—1908）（左）与丈夫瑞兰德斯（1801—1888）（右）
（图片选自 *Souvenir Guide*，以下简称"图书馆指南"）

瑞兰德斯是曼彻斯特历史上早期的千万富翁，尽管出身卑微且性格内向腼腆，但经过自身的努力，成为英国维多利亚时期最成功的商人之一。瑞兰德斯出生于1801年，18岁时与父亲和兄弟一起创建了一家纺织公司（Rylands & Sons），33岁时他搬到曼彻斯特，这里是棉花工业的商业中心，经过8年的经营，在不惑之年，瑞兰德斯完全掌控了这家纺织公司并积累起巨额的财富，这些为其太太恩瑞奎婼创建约翰·瑞兰德斯图书馆奠定了雄厚的经济基础。恩瑞奎婼1843年出生于古巴，生活在一个富有的糖业种植者家庭，先后在美国的纽约、法国的巴黎和英国的伦敦度过了青少年时期，也在其心灵深处注入了数十年后建造图书馆的文化基因。自19世纪60年代，已经成年的恩瑞奎婼搬到曼彻斯特，这成为其人生的重要转折点，使她对这座工业城市积累起深厚的都市情感。1875年，32岁的恩瑞奎婼成为瑞兰德斯的第三任妻子。尽管瑞兰德斯结过3次婚，但他的7个孩子都没能活下来。1888年，瑞兰德斯去世后，恩瑞奎嬉继承了价值约257.5万英镑的巨额遗产。

约翰·瑞兰德斯图书馆的设计建造与开放

1888年瑞兰德斯去世后不久，约翰·瑞兰德斯图书馆便开始设计，这既是恩瑞奎嬉对其丈夫的纪念，也是恩瑞奎嬉自小在北美生活期间深埋下的对图书馆文化的认知和追求人类文化品味的种子发生作用的结果。图书馆建筑计划在短短一周内即告完成，在此后的10年中，恩瑞奎嬉表现出对计划执行的执着和在图书馆建造细节方面的专注及智慧。由于恩瑞奎嬉对建筑师巴兹尔·钱普尼斯（Basil Champneys，1842—1935）此前在牛津大学曼斯菲尔德学院（Mansfield College, Oxford）的设计作品印象深刻，故也选中他来设计建造这座引人关注的新哥特式建筑。恩瑞奎嬉内心的追求，就是建造一座永恒的图书馆纪念碑。图书馆建造工程从1890年开始，至1899年10月6日完工，正式揭开了其面向公众的面纱。为了表彰恩瑞奎嬉对曼彻斯特市的杰出贡献，1899年，她成为第一个被授予曼彻斯特市自由勋章的女性。

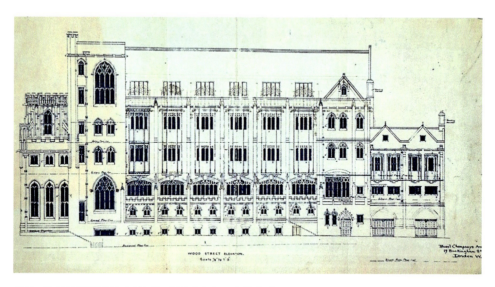

约翰·瑞兰德斯图书馆建筑图纸（图片来自图书馆指南）

于1900年对外开放的约翰·瑞兰德斯图书馆，既体现了瑞兰德斯对曼彻斯特这座城市的贡献，也显示出这是一个真正宏伟的文化建筑。该馆的建造共花费了25万英镑的巨额资金，但令人惊奇的是，到1908年恩瑞奎嬉去世时，留下200万英镑的捐赠款和大量的图书，其总价值甚至超过了她最初从丈夫那里继承的数额。

在约翰·瑞兰德斯图书馆的入口处，人们可以看到1905年铸造的恩瑞奎婼青铜雕像；在历史阅览区，还有一个更大的恩瑞奎婼大理石塑像。鉴于恩瑞奎婼在图书馆事业方面的杰出贡献，有一位著名的牧师查尔斯·西尔维斯特·霍恩对她曾有如下的评价："她是一位有指挥能力、意志坚强、心地高尚的女性；对于她，你不可能没有尊重，也不可能没有爱的尊重。"（Souvenir Guide The John Rylands Library: 2）

约翰·瑞兰德斯图书馆创建者恩瑞奎婼塑像

首任馆长亨利·古比

约翰·瑞兰德斯图书馆于1900年对公众开放后，由亨利·古比（Henry Guppy）担任首任馆长，直至其1948年去世。

值得一提的提，亨利·古比馆长于1921年曾提出一个富有创意的图书馆馆藏与服务的新设想，即他发出公开邀请，让当地的市民将家中有关家谱档案的收藏如同存款于银行那样存放于约翰·瑞兰德斯图书馆。在实施这一创意的过程中，约翰·瑞兰

亨利·古比1900—1948担任首任馆长（图片来自图书馆指南）

德斯图书馆在斯宾塞（Earl Spencer）专藏和克瑞福德（Earl of Crawford）专藏的基础上，形成了该馆的第三馆藏特色；而当时的曼彻斯特及兰开夏郡（Lancashire）或切斯特郡（Cheshire 现多称柴郡）都还未设立政府档案馆，亨利·古比馆长的创举，使约翰·瑞兰德斯图书馆成为英国较早集藏家族历史档案的特色图书馆。

财政困难与两次扩建

约翰·瑞兰德斯图书馆依托其持续增长的良好声誉和富有特色的丰富馆藏，在创建之初便得到了很好的发展。但第一次和第二次世界大战期间的通货膨胀，对图书馆的运营带来了很大的经费挑战，而图书馆原本所依赖的棉花工业的迅速衰退更是雪上加霜，年复一年地耗尽了约翰·瑞兰德斯和恩瑞奎媂相继存留下来的财富。在艰难地度过了困难时期之后，约翰·瑞兰德斯图书馆先后迎来了1962年和20世纪60年代末期的两次扩建。扩建的经费得益于商人兼慈善家艾萨克·沃尔夫森爵士（Sir Isaac Wolfson，1897—1991）的私人捐赠以及曼彻斯特市的土地出售。20世纪60年代，约翰·瑞兰德斯图书馆曾组织过一次公众募捐活动，但未获成功，使人们对图书馆作为一个独立机构的生存能力出现怀疑。

并入曼彻斯特大学图书馆

1972年7月，在约翰·瑞兰德斯图书馆的发展历史上是一个具有里程碑意义的时间节点，因为它正式并入了曼彻斯特大学图书馆。实际上，约翰·瑞兰德斯图书馆与曼彻斯特大学图书馆的正式与非正式联系早已存在。自1949年以来，曼彻斯特大学一直对约翰·瑞兰德斯图书馆提供经费支持。曼彻斯特大学图书馆号称英国第三大学术图书馆，约翰·瑞兰德斯作为纪念碑式的图书馆成为大学图书馆不可或缺的组成部分。约翰·瑞兰德斯图书馆并入曼彻斯特大学图书馆之后，由弗雷德里克·拉特克利夫博士（Dr Frederick Ratcliffe）担任合并后的首任馆长。

古老而新颖的建筑与设计

英国维多利亚女王于1837年继位，1901年去世，她统治的时期被称为维多利亚时期，也成为英国在全球较为繁盛的一个时期。19世纪末至20世纪初，正是英国维多利亚时代的末期，其时作为闻名于世的工业城市，曼彻斯特正着力于投资建造各类文化和公共设施，包括艺术画廊、博物馆、公园、音乐厅等，约翰·瑞兰德斯图书馆的建造可谓顺势而为，踏准了城市形象转型的历史节拍，丰富了城市的文化景观。约翰·瑞兰德斯图书馆是一幢维多利亚时代后期的哥特式建筑，被誉为欧洲新哥特式建筑的典范。恩瑞奎娆当年之所以选择哥特式建筑作为新馆的建筑风格，是由于她内心怀有一种追求卓越和跻身一流的目标，即新馆要有能与牛津和剑桥等古老图书馆相媲美的宏伟气势。从约翰·瑞兰德斯图书馆的创始和发展来观察，恩瑞奎娆的梦想显然是实现了。

 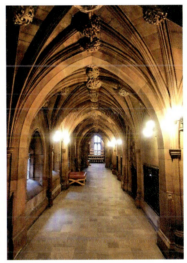

约翰·瑞兰德斯图书馆的老建筑正门（左）及馆内通道（右）

1912年，恩瑞奎娆被授予英国皇家建筑师协会金奖（RIBA Royal Gold Medal），以表彰她在图书馆建筑方面的杰出贡献，约翰·瑞兰德斯图书馆的建设，也成为建筑超越科学而成为一门艺术的重要案例。作为英国三大学术图书馆之一，约翰·瑞兰德斯图书馆于1994年被英国政府列入一级保护建筑。

约翰·瑞兰德斯图书馆墙面的人物雕塑

气势非凡的新哥特式建筑设计

与早期的哥特式建筑不同，约翰·瑞兰德斯图书馆并无林立的尖塔，整个建筑以红墙呈现，但可以看到框架式的肋骨拱券石和飞扶壁结构、窗花格及彩色嵌花玻璃窗等；在如今已不再使用的图书馆正门和内部廊道，人们都可以看到这样的设计。内部建筑中的扇形拱顶、扶梯旁的飞扶廊柱等更是表现出气势恢宏的哥特式建筑风格。

 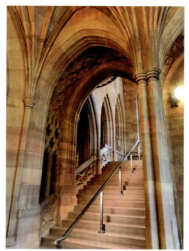

约翰·瑞兰德斯图书馆的扇形拱顶（左）及扶梯旁的飞扶廊柱（右）

图书馆巨大的彩色玻璃上描绘的历史人物（图片来自图书馆指南）

在图书馆中央的历史文献阅览展陈区，通道的上方装饰有20尊石像，这些雕像由罗伯特·布里奇曼（Robert Bridgeman）和利奇菲尔德（Lichfield）之子设计，主人公都是英国历史上宗教、文学、科学、印刷等领域的重要人物，包括培根、莎士比亚、牛顿等，代表着人类的知识积淀。在中央通道南北向的巨型墙面上，分别竖立着巨大的彩色玻璃，这些玻璃上分别描绘有宗教人物和文学及艺术巨子们的画像，包括摩西、亚里士多德、但丁、米开朗基罗、贝多芬等。

图书馆入口处的三尊雕像

丰富精致的美丽石雕是约翰·瑞兰德斯图书馆建筑设计的一大特色。在图书馆中,有被描述为19世纪最有趣的哥特式空间之一,这就是宽敞而壮观的图书馆最早入口和主楼梯。在图书馆的入口处,一座三尊雕像格外引人瞩目,其主题为"神学指导科学和艺术的劳动"(Theology Directing the Labours of Science and Art)。这座雕塑由约翰·卡西迪(John Cassidy,1860—1939)从砂岩中开凿,历经3年才告完成。这一雕塑之所以被安置于图书馆的显要位置,原因是图书馆的主人试图借以体现其办馆的旨趣,即把非正统的神学作为图书馆的主要聚焦点。同时,图书馆建筑中各类细致入微的哥特式石雕遍布各阅览空间。在图书馆的扇形拱顶、回廊的天花板、扶梯的围栏等处,均设计有大自然中各类动植物的石雕,包括树叶、鸟、龙、蝙蝠、猴子以及神话中的生物等,也包括约翰·瑞兰德斯心爱的家乡红玫瑰。在图书馆入口的门厅和前厅处,周边墙面和建筑部件上雕刻有许多著名家族、城市、大学的纹章。这些引人驻足欣赏的石雕装饰,大部分出自著名的建筑石匠之手,英国雕塑家乔治·弗兰普顿爵士(Sir George Frampton,1860—1928)则接受委托制作了令人叫绝的石膏天花板模型。

"神学指导科学和艺术的劳动"雕像
(图片来自图书馆指南)

精美石雕

独特的建筑细节设计

恩瑞奎嫱在图书馆建筑设计中体现了女性的细腻，注重每一个建筑细节的精益求精。如坚持使用最好和最高质量的建筑材料、对每一个建筑元素都进行近乎奢华的装饰、不惜花费巨资聘请最优秀的工匠等。恩瑞奎嫱从更好、更优、更高出发，对设计做了很多修改，在古老技艺和现代技术的结合中使艺术灵感得到激扬。前来参观的许多游客都情不自禁地在图书馆的半圆阳台处拍照留念，因为这样的设计实在是太高雅精致了。

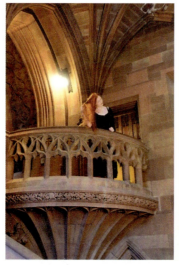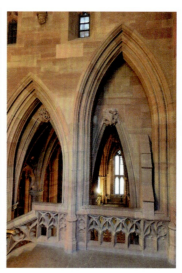

参观者在半圆阳台处摆拍留念

特别值得一提的是，图书馆走廊里的圆形瓶底图案的玻璃大窗设计，有助于阻挡任何可能破坏读者和游客注意力集中的视觉刺激和光污染，是图书馆建筑设计方面一个典雅而富有创意的细节。

采用最为优质先进的建筑材料和设施

约翰·瑞兰德斯图书馆在建筑中采用了4种世界范围内堪称一流的材料和建筑元素：一是坎布里亚砂岩，其颜色从浅灰色至玫瑰粉色不等；二是波兰最好的橡木，产自格但斯克地区；三是白色模压抹灰泥；四是新艺术风格的青铜铸造灯具配件、独特的散热器格栅等。以上4种材料和建筑元素的组合，

曼彻斯特大学约翰·瑞兰德斯图书馆

有助于阻挡光污染的圆形瓶底花格玻璃窗设计（右侧图片来自图书馆指南）

制造出最优的艺术效果。即使是到了21世纪第一个10年，在实施图书馆更新项目时，约翰·瑞兰德斯图书馆依然坚持了优良的建筑传统，即采用最高标准建筑材料的维修原则，以确保图书馆建筑始终是曼彻斯特城市建筑遗产的辉煌典范。

独特的空气过滤系统和自我发电

约翰·瑞兰德斯图书馆在建筑设计中，有两件与众不同令人称奇的事情。一是当时的建筑设计中包括了一个空气过滤系统，以缓解作为工业城市曼彻斯特城区严重尘霾的污染。借助独特的空气过滤设计，图书馆建筑内的空气在流通中，首先通过焦炭滤网过滤并通过水雾保持湿润，然后在管道中循环，并在加热的水管中吸入，这样的系统在当时是一种极为复杂且具有高品质的建筑设计。二是设计安排了一个自动发电装置，这在当时曼彻斯特整个城市的公共建筑中堪称一绝，成为这个城市最早使用这种发电方式以供照明的公共建筑。这样的发电方式一直延续了半个世纪，直到1950年10月，才对原先的发电系统进行了转型置换，改由英国的西北电力系统为图书馆提供电力。

建筑的内外更新

进入约翰·瑞兰德斯图书馆，人们在为非凡的建筑设计所震撼的同时，也会对老建筑中注入新建筑元素留下深刻印象。1968年至1969年，约翰·瑞兰德斯图书馆在社会资助下进行了建筑更新，包括年久失修的外墙、历史悠久的门厅以及主楼梯等,使这一不朽的图书馆历史建筑得以翻新与重构,历史建筑焕发出古老而新颖的光彩。通过喷砂方式的处理,近70年中被工业烟雾熏黑的外墙石雕和精美的建筑线条得以显现并清晰可见,恢复了青春的光彩。2003年9月至2007年9月,图书馆更是进行了自1900年落成以来最为广泛和重要的更新,更新项目耗资1 700万英镑。此次更新的主要目的,是从文旅融合的角度考量,即为了使图书馆能够更容易接近参观者。更新项目中,对图书馆石雕因污染而变黑进行了液体清洁的技术处理,除去百年积累的污垢后,石雕露出了原本的真容,人们可以欣赏到一个多世纪前的这些具有柔和灰色和粉红色的精美雕塑作品。更新项目中最大和最昂贵的工程,是图书馆全部屋顶的更新;项目本着修旧如旧的原则,最大程度地依照和保持了图书馆最早的图纸与规格以及当初所采用的建筑材料。2007年9月20日,曼彻斯特大学校长安娜·福特(Anna Ford)正式宣布重新开放图书馆,更新期间暂存于他处的特藏文献也回到了图书馆,同时还新设了全新的游客入口。经过更新,约翰·瑞兰德斯图书馆试图通过永久的展示和与游客的互动,向到访的各国读者和游客展示图书馆最重要的馆藏珍品和城市历史记忆。作为城市中心的文化地标,这样的更新显然为市民和游客带来了文化的喜悦。

约翰·瑞兰德斯图书馆新老建筑的更新与融合

文旅融合的图书馆

约翰·瑞兰德斯图书馆为读者特别是参观者提供了视觉上的盛宴，不仅如此，该馆在文旅融合方面也为全球图书馆提供了范例，其具体的做法和措施颇有借鉴意义。

曼彻斯特城市文化的旅游热点

约翰·瑞兰德斯图书馆的指南手册在开首介绍曰："自19世纪以来，包括印刷书籍、手稿、档案、地图和视觉材料在内的优秀馆藏一直受到精心保管，并向世界各地的读者提供。今天，所有年龄、背景和兴趣的访客都被鼓励去探索这座建筑和它的藏品。"为了实现这一文旅融合服务定位，图书馆举办和开展了丰富多样的展览和读者活动，其中包括通过与学校的合作，进行针对性的特定主题的参观，或开展跨课程教育的学生学习活动。其中围绕"龙"的主题活动特别受青少年读者的欢迎，参与活动的同学可以在建筑周围开展"龙"的发现游学项目，也可以在图书馆举行家庭活动并与可爱的"龙"面对面互动，从而让青少年能够实地体验图书馆大楼的建筑设计特色和丰富的独特馆藏。这些正是当年恩瑞奎娜将这座图书馆赠予曼彻斯特市的意旨所在，即市民能够始终欣赏她的图书馆的辉煌并可免费使用其馆藏。

 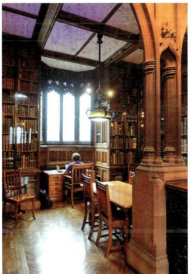

参观者和读者在馆内欣赏建筑和查阅文献（左侧图片来自图书馆指南）

为方便参观游览,图书馆内外均设计了清晰典雅的导引标识。

约翰·瑞兰德斯图书馆建筑内外的导引标识

主题分类展陈

约翰·瑞兰德斯图书馆的主题分类展陈,不仅为从事学术研究的读者带来文献检索的便利,也为广大访客提供了文旅融合的参观内容。图书馆专门设计了参观导引板,提示参观者在主题展览中可以了解有关于图书馆文献特藏的有趣故事,其中包括四大阅览空间(Crawford Room, Spencer Room, Education Room, Christie Room)以及一个美术馆空间(Rylands Callery)。

约翰·瑞兰德斯图书馆的两大展陈阅览空间

图书馆展陈阅览空间中最为著名的是斯宾塞展陈阅览室和克瑞福德展陈阅览室。斯宾塞展陈阅览室因收藏并展陈斯宾塞(Earl Spencer,1758—1834)的藏品而命名。斯宾塞家族是威尔士王妃戴安娜·弗兰西斯·斯宾塞的祖先,1892年,恩瑞奎婊以21万英镑的价格从第五代斯宾塞伯爵手中买下了这批专藏,刷新了当时文献购置收藏的最高价格。

曼彻斯特大学约翰·瑞兰德斯图书馆

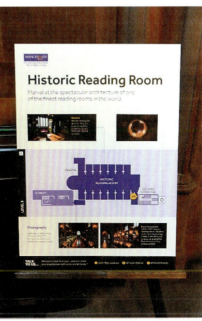

约翰·瑞兰德斯图书馆的主题分类展陈导引指示板

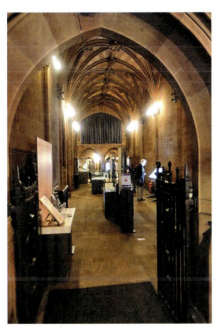
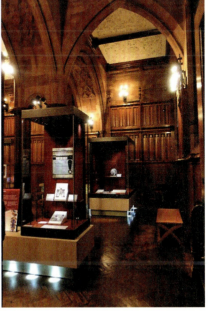

约翰·瑞兰德斯图书馆的展陈空间

这批专藏原来是奥尔索普图书馆的藏品，该馆被认为是当时最好的图书馆，藏品中包括许多印刷普及之前欧洲出版的珍本书籍，如1501年前印刷的4 000多本图书，其中有1450年的木刻绘画本 *The Buxheim Saint Christopher*，成为已知最早刻有日期的欧洲印刷品。

1892年恩瑞奎婼从第五代斯宾塞伯爵手中买下专藏（图片来自图书馆指南）

斯宾塞专藏中的1450年木刻本（图片来自图书馆指南）

9年后的1901年，恩瑞奎婼又以15.5万英镑的价格从克瑞福德伯爵家族中整体买下了克瑞福德（Earl of Crawford）的手稿专藏，克瑞福德展陈阅览室（Crawford Room）因收藏并展陈这些手稿而得名。这批藏品中，共有50多种语言的6 000多件手稿，经历了克瑞福德25—26代人的接续收藏，成为人文科学的文献缩影，令人赞叹。恩瑞奎婼最初计划将斯宾塞和克瑞福德专室辟为公共借阅图书馆，如今，这两个空间成为珍稀文献和名人雕塑之所在，也成为读者和参观者的精神家园。恩瑞奎婼与丈夫原本对宗教文献都有浓厚的兴趣，可能恩瑞奎婼最初设想将图书馆作为宗教教育的培训机构，但在购入以上两个专藏之后，图书馆的地位与功能已今非昔比，诞生了一个国际知名的学术收藏机构。

斯宾塞和克瑞福德展陈阅览室最初是作为图书馆的公共借阅部门，这两个相互联接的特藏展陈阅览空间在1900年新馆开放的当年即进行了改造，增配了玻璃面板的书架，以容纳迅速扩大的专藏。图书馆的手稿多收藏在这两个展陈阅览空间中，其中有一个空间专门用来存放英文和其他文种的手稿。

2003年至2007年,约翰·瑞兰德斯图书馆开展了大规模的名为"发现瑞兰德斯"(Unlocking the Rylands)的项目,以斯宾塞和克瑞福德两大专藏为基础,开辟了两大特藏的展陈阅览空间,这两大空间中的书籍从以上两大专藏中选择,也加上了一些现代装订的新入藏书籍。两大展陈阅览空间给人以教堂的感觉,有超过40英尺高的中央通道,两边均设有小壁龛,可用作个性化的阅读空间。作为历史文献的阅览空间,这里成为最为典雅的高品质阅读场所。展陈阅览空间处于离地面街道30英尺近10米的高度,可以最大程度地获得阳光照射,同时可以将室外维多利亚时代的临街鹅卵石马路上的交通噪声干扰降到最低。

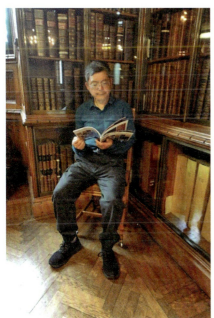 

本书作者王世伟(左)和王晓云(右)在斯宾塞和克瑞福德展陈阅览室

瑞兰德斯画廊

图书馆中辟有"瑞兰德斯画廊"(Rylands Gallery),主要用于举办公共讲座,如今成为日常展示的空间,展陈的内容主要分为七大部分,包括信仰、《圣经》的历史、日常生活、科学、文学、印刷工艺、曼彻斯特。围绕以上七大部分的展陈,展品中有一系列反映图书馆馆藏特色的文献和物品,如5 000

英国爱尔兰行知录

瑞兰德斯画廊（图片来自图书馆指南）

年前的泥板、中世纪的手稿、现代文学作品、生命短促的廉价物品、现代精美的印刷品等，成为读者和参观者能够领略丰富馆藏的重要载体和场所。这里的展览定期更换，不仅能体现馆藏的丰富多样，也借以保护展陈的珍贵文献和物品。

哥伦比亚印刷机

为丰富文旅融合的参观和体验，图书馆中陈列有一些珍贵的文物，其中包括现存稀有的"哥伦比亚印刷机"，其沉重的铸铁框架颇具特色。这架铸铁印刷机由美国人乔治·克莱默（George Clymer，1754—1834）发明，其历史可以追溯至19世纪20年代，这是一种以杠杆原理替代转轴并以臂力操作的印刷机，在世界印刷史上占有一席之地。由于配重上的秃鹰设计装饰，也被称为"鹰印刷机"。印刷机的画框上还装饰以caduces（原因），作为古希腊神话中的众神使者和庇护神赫尔墨斯（Hermes）

馆中陈列的各类古老印刷机（左图为哥伦比亚印刷机）

以及罗马神话中众神使者墨丘利（Mercury）的象征，与蛇缠绕在一起，给人以历史感和神圣感。

乔治·克莱默第一次来到英国是在1817年，至第二年底，他已在英国制造了他发明的印刷机。图书馆所保存的这台印刷机就是当年瑞兰德斯出版社所使用的实物。这种印刷机在熟练工人手中，每小时可以产生约20次的印痕。为了满足读者的好奇心，图书馆定期进行印刷演示的参观体验活动。包括"哥伦比亚印刷机"在内的印刷技术的进步，使得图书文献的生产速度更快、成本更低，从而改变了人类知识传播与信息交流的形态。

 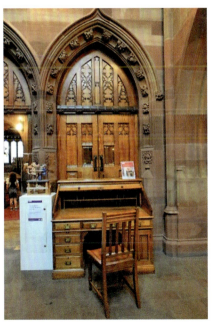

馆中陈列的艺术摆件和书桌座椅

保存至今的早期厕所和目录柜

约翰·瑞兰德斯图书馆还保存了早期的厕所，位于图书馆原入口大厅侧旁。这一维多利亚式厕所的隔间设计得特别大，据说是为了确保维多利亚时代的女性在被称为"化妆间"的厕所中有足够大的空间以满足她们的忙碌。厕所至今仍在正常使用，人们可以看到100多年前豪华的大理石面顶部水槽和橡木水箱。

馆中保存的早期厕所（左）和目录柜（右）（左侧图片来自图书馆指南）

丰富的文创产品和专职的图书馆导览导购

在图书馆更新后的新入口处，参观时我们发现在进门一层处有两位图书馆旅游导览导购馆员，值守于类似图书馆总咨询台的位置。总咨询台的后方，周

馆中丰富多样的文创产品

边均为各类文创产品,在图书馆导览导购馆员的指导与鼓励下,我们分别购买了导引手册(Souvenir Guide)、明信片和介绍该馆的图书《瑞兰德斯的财富》(Riches of Rylands),共花费24英镑。

约翰·瑞兰德斯图书馆的特色馆藏

书架的总长度超过了25公里　约翰·瑞兰德斯图书馆拥有140万册(件)馆藏,文献类型远远超出了图书的范畴,其中包括了40万册图书和100万件各类手稿、档案、地图、艺术品、实物等;来自全世界众多国家和地区的各类馆藏跨越了5 000年的历史,成为认知人类文明的多样载体。存放这些文献的书架,总长度超过了25公里。

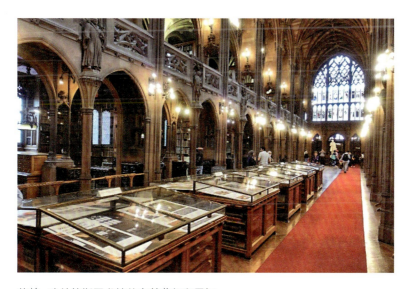

约翰·瑞兰德斯图书馆的文献藏架和展橱

馆藏中的特色文献,既有恩瑞奎婼在1900年图书馆创建前所购入的顶级藏品,也有一些是曼彻斯特大学图书馆于1972年与约翰·瑞兰德斯图书馆合并之前积累的,还有一些则是两馆合并之后收购的。在约翰·瑞兰德斯图书馆的馆藏中,有超过150件堪称镇馆之宝的重要藏品,这些藏品或具有内在的独特内容,或具有外在的艺术和技艺趣味。约翰·瑞兰德斯图书馆汇集了60多位特定领域的专家以及文献展陈方面的专家,为这些珍贵藏品撰写了简介,按主题分为13类,为读者和研究者以及参观者指明了深入了解其特色的门径。在第二次世界大战期间,图书馆的一些珍藏如同儿童般被送到农村地区,因为那里更安全一些。

收藏的主题 约翰·瑞兰德斯图书馆的馆藏主题特色与当年整体购入的斯宾塞和克瑞福德两大专藏有关。如克瑞福德专藏中有数量可观的宗教文献,其中包括了世界上主要宗教的经典文本,有许多是手写的。宗教文献的特色还表现在文献载体的多样性上,如世界各地的宗教文献既有装饰华丽的手稿,也有写在动物皮革上的卷轴;既有成捆的棕榈叶,也有在竹简上雕刻的文字;从古老的泥板纸莎碎片一直延续到当代的印刷和数字时代,可谓丰富多样,精彩纷呈。这些宗教文献也为人们了解并研究全球不同宗教的发展与相互关系、宗教与全球的历史发展以及传教士在全球的活动与影响等提供了重要资料。

馆藏文献中有《圣约翰福音》莎草纸碎片,这是馆藏中最著名的早期基督教文本,被认为是现存最早的《新约》片段,文献的时间可以追溯至2世纪上半期。

公元2世纪上半期的《圣约翰福音》莎草纸碎片(图片来自图书馆指南)

馆藏精美插图中的古代阅读场景(图片来自图书馆指南)

馆藏珍籍举例

约翰·瑞兰德斯图书馆有许多值得一提的馆藏珍本。其中包括:

瑞兰德斯哈加达的犹太逾越节文献 这是馆中最为著名的藏品之一。这一非常漂亮的希伯来手稿是14世纪在西班牙北部制作的,上面有一系列非常生动的微型插图,描绘了古代的宗教故事。

《薄伽梵往世书》 这是一部印度教经文,记述了宇宙至高无上之主毗湿奴(Vishnu)的美德。这一印度手稿卷长约15米,细小的梵文写在长卷的丝绸之上,间有精美的微型绘画。

《圣经》版本汇集 约翰·瑞兰德斯图书馆以收藏《圣经》而闻名于世,

被誉为《圣经》研究者的天堂。作为斯宾塞的专藏，包括了超过400种不同语言和方言的《圣经》，出版时间前后长达5个世纪，最早的版本包括约1455年在美因茨印刷的42行古登堡《圣经》，还有150年前印刷的中世纪拉丁语版《圣经》，16—17世纪4部多语种《圣经》，如康普顿的多语种《圣经》、第6版的伊拉斯《新约》、威克里夫特（Wycliffite）的《圣经》手稿；人们还可以看到

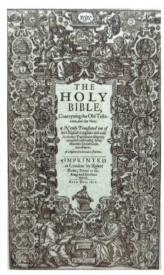

《薄伽梵往世书》（左）与1611年出版的《圣经》多语种版本（右）（图片来自图书馆指南）

从威廉·廷代尔（William Tyndale）的译本一直到今天的英文《圣经》版本的完整历史概貌。

中世纪文献　约翰·瑞兰德斯图书馆的馆藏中，有不少中世纪的文献，包括《时间之书》《福音书》《诗篇》等，读者可以欣赏到其中的西文书法艺术和绘画作品以及非同一般的图书装帧艺术。

经济社会和教育文献　曼彻斯特在19—20世纪作为英国重要的工业城市，相关的文献也在约翰·瑞兰德斯图书馆有所收藏。当年棉花公司和工会的相关档案显示，在19世纪的曼彻斯特工厂，工人们超长时间工作而工作环境十分恶劣。当时的《济贫法》对任何无法养活自己的人施以严厉的惩罚；《搬迁令》则迫使穷人背井离乡，回到他们出生的教区；《学徒协议》让贫困儿童学习各种行业技能；曼彻斯特的伍德街教会（Wood Street Mission）等一些慈善机构提供了以上需求的实际支持。当时大部分儿童的学习仅局限于阅读、写作和数学方面的基础教育，儿童学习课本多用兽骨和象牙作为载体，帮助儿童学习字母表。在18—19世纪，有越来越多的围绕儿童主题的图书得以出版，其中包括宗教和文化教育；也有越来越受欢迎的童话和浪漫故事集，这成为维多利亚时代图书出版的特色。图书馆中还有专门的数学和聋人教育史的文献，后者在英国同类收藏中规模最大。

馆藏中也有一些私人信件和日记,这些历史文献让人们能以一种更为真切的方式对以往的历史细节有所体验,无论是艺术、文学还是科学,或是第一次世界大战期间战壕中的残酷场景,这些文献都让人体悟到人类永恒的关切,如爱情、家庭与家庭关系、工作等。

科学与医学文献 约翰·瑞兰德斯图书馆也被誉为科学和医学的文献馆。作为人类解剖学的开创性著作,比利时学者安德烈·维萨里(Andreas Vesalius,1514—1564)的《人体解剖学》(De Humani Corporis Fabrica)完成于1543年,这是馆藏中数以千计的医学文献之一。这些医学文献从古希腊时期、文艺复兴时期一直到19世纪,延续了2 000多年的历史。在入藏约翰·瑞兰德斯图书馆之前,这些文献中有不少是曼彻斯特医学协会图书馆的收藏,为英国地方医学主题收藏中的最佳者。医学文献中包含有曼彻斯特地方医学的档案和手稿,如18世纪至今的医学发展史等,成为地方文献的特色。

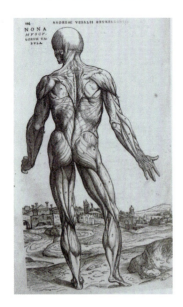

馆藏《人体解剖学》(1543)(图片来自图书馆指南)

多样化的科学文献也成为约翰·瑞兰德斯图书馆的馆藏特点之一,其中包括了亚里士多德、欧几里得、毕达哥拉斯等人之著作最早的印本,也包括了文艺复兴和现代科学发展早期的伟大人物群体的各类文献,如哥白尼、伽利略、波义耳、胡克、牛顿等人的著作。有着精美插图的动植物著作展示了18—19世纪动植物的分类历史,其中有约翰·詹姆斯·奥杜邦(John James Audubon,1785—1851)、约翰·古尔德(John Gould,1804—1881)、托马斯·比维克(Thomas Bewick,1753—1828)的著作及艺术插图。各类科学档案也十分精彩,为研究者提供了丰富的科学史资料,如18世纪曼彻斯特科学家约翰·道尔顿(John Dalton,1766—1844)和詹姆斯·普雷斯科特·焦耳(James Prescott Joule,1818—1889)的论文、曼彻斯特大学焦德雷班克望远镜的观察记录、慈德内克·科帕尔(Zdenek Kopal,1914—1993)所撰论文《绘制月球地图的人》(the man who mapped the Moon)等。有关计算机的档案也是独具一格,其中有1948年在曼彻斯特大学诞生的世界第一台存储计算机的记录。

世界文学文献　约翰·瑞兰德斯图书馆珍藏的世界文学文献以其丰富性和多样性名闻学界，其中英国文学所具有的世界影响，使这些文献具有了世界文学文献的品质和地位，从中可以了解有关文学古今内外互鉴的相关信息。

 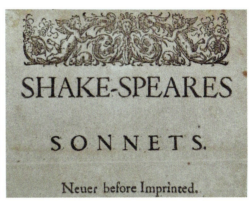

公元前3世纪的《吉尔伽美什史诗》（左）与莎士比亚十四行诗1609年第1版（右）（图片来自图书馆指南）

这些藏品中最早的文学文献的代表是公元前3世纪镌刻在泥板上的楔形文字版《吉尔伽美什史诗》片段，被认为是世界上较古老的书面文学作品。其他如公元3世纪用纸沙纸书写的荷马《奥德赛》片段、中世纪但丁《神曲》的手稿，15世纪著名的英语作家乔叟的《坎特伯雷故事集》手稿、16世纪波斯史诗《沙纳玛》手稿、17世纪莎士比亚所有4本对开本戏剧以及存世稀少的1609年印刷的十四行诗首版、18世纪塞缪尔·约翰逊《字典》第4版的稿校本等。19世纪的诗人和小说家的作品在馆藏中均有所体现，如华兹华斯、拜伦、雨果、狄更斯、夏洛特等，其中狄更斯的连载小说以最初的原始包装与豪华的3卷版同时呈现给读者。此外还有具有世界影响的伊丽莎白·盖斯凯尔（Elizabeth Gaskell）的文学手稿。

约翰·瑞兰德斯图书馆的世界文学专藏在不断增加，特别是日益增长的现代文学文献。该馆采藏的一个重点是致力于文学出版的著名出版商卡克耐特出版社（Carcanet Press）的庞大的文献出版物，其中包括世界各个国家和地区的原创诗歌作品。全球各大洲诗人的作品，在该馆的采藏中都有所体现。

曼彻斯特地方文献

曼彻斯特作为重要的工业城市，其地方文献在约翰·瑞兰德斯图书馆中成为这个城市重要的历史记忆。除上文提及的医学文献外，在经济工业方面，有纺织工业、制药、运输（特别是铁路）、工程、计算机工业等领域的文献；在出版与文学艺术方面，有曼彻斯特印刷的第一本图书——1719年由约翰·杰克逊（John Jackson）在曼彻斯特数学协会所作的《数学演讲集》（Mathematical Lectures）、各类本地演出的节目单和海报、本地慈善机构和社会团体的报告，以及本地作家的著作等，此外还有本地市民捐赠的各类文献；在社会政治方面，有关于废除奴隶制和妇女解放的相关资料。

1819年，在曼彻斯特圣彼得广场发生了一桩流血惨案——彼得卢屠杀（Peterloo Massacre），这一曼彻斯特城市发展史上重要历史事件的相关档案也很好地保存了下来，如《彼得卢救援基金账簿》（The Peterloo Relief Fund Account Book）就是一份记录事件中受害者受伤情况和随后收到款项的手稿档案，这一档案也被收录在联合国教科文组织《英国世界记忆名录》（UK Memory of the World register）的在线名录之中，体现了地方文献遗产的重要历史意义和文献价值。

《彼得卢救援基金账簿》手稿（图片来自图书馆指南）

曼彻斯特1819年8月16日星期一集会的历史文献展陈

不断增加的特色馆藏

作为英国重要的学术图书馆，约翰·瑞兰德斯图书馆管理和服务的宗旨就是为英国与海外的学术研究提供文献支持，故其对文献的采访始终没有停止；通过采访和捐赠，图书馆的馆藏每年都在增长。据图书馆指南介绍，近年来值得一提的入藏文献有：

文艺复兴时期的手稿7卷本《科隆纳弥撒》(Colonna Missal)的最后一卷；

《牛津讲坛圣经》(1935)，由美国印刷师布鲁斯·罗杰斯设计，当时仅发行200册；

1855年第一个带着照相机参加克里米亚战争的英国战地摄影师罗杰·芬顿(Roger Fenton，1819—1869)所拍摄的历史照片。

战地摄影师罗杰·芬顿所拍摄的克里米亚战争历史照片（图片来自图书馆指南）

文献收藏与保护

约翰·瑞兰德斯图书馆从开馆伊始就十分重视文献的保护工作，图书馆采取了非常谨慎的举措来确保文献藏品不受损害。除了空气的过滤系统外，所有书柜和书橱也经过了特别的设计，当图书收入书柜和书橱后，将被锁闭起来，形成相当密封的环境，以保护文献不受外部尘垢的污损和未经授权的可能操作；这在20世纪初，已是文献保护最为先进的技术措施了。文献保护工作至20世纪80年代进入了更为科学持续的阶段。1983年，约翰·瑞兰德斯图书馆开始在图书馆装订机构中专门建立了馆藏保护小组，负责馆藏的保存和保护工作。1995年，英国高等教育基金委员会拨出专款，使馆藏文献保护小组升级为具有现代保护品质与水平的图书馆业务部门；从1996年开始，更高质量的文献保存与保护工作进入了实质性运行阶段，包括在图书馆阅览室为研究者提供数字化的文献与相应设备，以减少对易损原始文献的使用；对馆藏文献进行温湿度的控制，以使这些珍藏能够世世代代留存下去。被保护处理的文献以及用于文献保护的物品，有纸张、皮革、纸莎草、羊皮纸（动物皮）、骨头、木材等。21世纪第二个10年中，曾进行了一项为期8个月的文献保护工作，专家利用从鲟鱼的鱼鳔中提取的明胶来巩固原始文献上剥落的色素，以重新装帧世界上最好的早期印刷品，修复和装帧阿拉伯纸莎草文献藏品。

图书馆文献保护修复工作场景（图片来自图书馆指南）

图书馆数字化战略中的文化历史遗产摄影工作（图片来自图书馆指南）

但许多保护项目需要通过社会的慷慨资助才能实现。

约翰·瑞兰德斯图书馆的数字化工作也早已展开。为了让更多的研究者更容易获取馆藏的珍本文献，大量的早期印刷书籍、档案和手稿都已在网上提供。不仅如此，图书馆有一项雄心勃勃的数字化战略，为读者提供在线获取，以促进馆藏文献为教学和科研服务；而通过在线访问（www.manchester.ac.uk/library/degitisation），人们可以获取更多的知识和信息。与中国众多图书馆的数字化和智慧化转型有所不同的是，约翰·瑞兰德斯图书馆的数字化战略中还包括了遗产影像和收藏中心的相关工作，即以收藏物品为中心的数字化方法，提供文化历史遗产数字化方面的专业知识。为此，图书馆设置了专业的摄影师和相应的管理员，为社会用户提供相关的咨询和服务。

参考文献

1. John Rylands Library. The John Rylands Library. The University of Manchester, 2013.
2. Riches of Rylands. Manchester University Press, 2015.

爱尔兰都柏林切斯特·比蒂图书馆

位于爱尔兰都柏林城堡内的切斯特·比蒂图书馆（Chester Beatty Library，或译为切斯特·比替图书馆），是一座有故事、有情怀、有珍籍并向所有人免费开放的图书馆。2019年8月，我们在英国爱尔兰深度行知游的过程中，曾有幸较为仔细地参观了这一富有传奇色彩的图书馆，为其历史和文献珍藏所震撼，于是对其进行了更进一步的深入了解。

爱尔兰都柏林切斯特·比蒂图书馆（图片来自爱尔兰驻华大使馆）

切斯特·比蒂图书馆馆藏珍籍所经历的非凡的收藏过程及其不可多得的文献价值，以及爱尔兰引以为荣的图书馆落地都柏林的过程等，都是图书馆和文献领域引人入胜的故事。

英国爱尔兰行知录

切斯特·比蒂图书馆的空间布局与服务时间

切斯特·比蒂（1875—1968）　　切斯特·比蒂图书馆的外景（左）和内景（右）

切斯特·比蒂图书馆在工作日和周末的开放时间不同，公共假日闭馆，我们参观当日为星期三，到达时离上午10时开门还有半小时，发现已有一些旅游参观者在周边等候。

切斯特·比蒂图书馆对外开放时间表　　本书作者王世伟在切斯特·比蒂图书馆门口留影

切斯特·比蒂图书馆分为3层，底层为大厅，有咨询台和文创产品展示柜，分布着阅览桌椅，顶部穹隆形玻璃将自然光引入建筑内，显得明亮而贴近自然。二层和三层为文献收藏与展示区。

展厅中陈列了众多珍稀文献，包括古代中国、伊朗、印度、苏丹以及中

切斯特·比蒂图书馆内展陈的文创产品

世纪的埃及和叙利亚、欧洲等地的各类古籍善本和图籍文物,展览中还有介绍手稿研究及纸莎草保护专家雨果·布特勒(Dr Hugo Ibscher)父子有关保护和处理纸沙草文献的内容,分别介绍了有关文献的抄本和纸莎草的发展历史、书法家及签名、奥斯曼帝国的图书生产、文献插图、波斯诗歌、阿拉伯语和字母表、鼻烟壶、玉雕、书法绘画及文房四宝等有关知识信息和文物展品。

图书馆中设有参观者视听区,这里滚动播放着有关切斯特·比蒂图书馆来龙去脉的历史故事,帮助人们了解这一传奇图书馆发展历程中的点点滴滴。

切斯特·比蒂图书馆的展厅　　　　　　　　　　　切斯特·比蒂图书馆的放映厅

切斯特·比蒂其人其事

切斯特·比蒂(Sir Alfred Chester Beatty,1875—1968),1875年出生于美

图书馆内的切斯特·比蒂塑像

国纽约,是一位矿业工程师和企业家;1911年移居伦敦,所经营的矿业向英国发展;1950年后移居爱尔兰,并将自己一生的珍藏留在了爱尔兰都柏林,切斯特·比蒂图书馆也由此得名。比蒂之所以能够在爱尔兰图书馆发展史和文献发展史上名垂史册,其中有诸多原因,包括事业成功、历史机遇、慈善情怀和文献珍藏等。

切斯特·比蒂在矿业方面的巨大成功

比蒂的矿产事业起步于美国,后进一步发展扩大于英国。他是一位精明而有亲和力的矿业专家,在其年富力强之时,便在业界树立了年轻工程师的良好声望,并赢得了员工们的尊重与忠诚。他的超凡智慧还向其当时的老板证明,他有能力在20世纪采矿领域经受住艰难的考验。到了其而立之年的1908年,比蒂在开发和经营矿山中,已逐渐积累起大量财富。在移居伦敦后,比蒂创立了跨国矿业信托有限公司,并在第一次世界大战期间迅速扩张,矿业的择机发展和股票的智慧投资使比蒂的个人财富不断增加,为其从事收藏奠定了经济基础。

切斯特·比蒂与历史文献相遇相知的缘起

1900年,比蒂25岁时与妮内特·里卡德成婚,当时的《丹佛晚报》(Denver Evening Post)在报道他们婚礼的消息时,形容切斯特·比蒂的妻子是一位聪明的文学爱好者、一位了不起的读者、一位美丽的典范。当他们一起在巴黎购物时,为他们在纽约的家购置了家具和各类软装修物品,如地毯、油画等;而比蒂则开始收集各类文物收藏品,如欧洲的彩绘手稿、大师的版画、中国的鼻烟壶、日本的坠子等,东方文献成为他关注的重点。比蒂早期的收藏兴趣曾注重波斯艺术,在纽约第五大道专门从事中东艺术品的经销商为其提供了收藏的来源。这一时期,比蒂和妻子妮内特及他们的小女儿常住在纽约,并在百老汇开了一家独立的顾问公司,有时会去欧洲旅行。1911年,妻子妮内特由于感染伤寒而意外去世,而比蒂本人因一直在煤矿工作,也患上了哮喘和肺炎。受妻子离世的沉重打击以及对自己健康的担忧,比蒂认为英国伦敦可能是他追求全球矿业前景的完美而理想的城市。这样,比蒂在伦敦肯辛顿宫花园

爱尔兰都柏林切斯特·比蒂图书馆

购置了一栋别墅，在1911年移居伦敦后于1913年再婚，妻子为在纽约相识的伊迪丝·邓恩，她和比蒂一样热爱收藏和旅游，并与比蒂共同度过了近40年的时光。婚后第二年的1914年冬天，比蒂与伊迪丝和孩子们一起去埃及旅游，那里干燥而温暖的气候证明对比蒂的肺特别有益，此后的数十年中，比蒂曾在冬季多次前往埃及度假，这使他与印度、阿拉伯、土耳其和波斯的手稿有了相遇的缘分。

比蒂妻子伊迪丝·邓恩于1952年去世（图片来自比蒂图书馆录像片）

切斯特·比蒂在亚洲度假期间与历史文献的缘分

在比蒂扩大其亚洲收藏品的同时，1916年他患上了严重的肺炎，医生建议他到远方亚洲休养。这样的健康休养可谓因祸得福，为其收藏带来了更多的机遇与可能。

1917年初，比蒂在亚洲休养了数月，不仅改善了体质，也增加了自己收藏的兴趣。通过这次旅行，比蒂收集了许多精美的中日卷轴和画册文献。其中有1117—1126年的日本佛教法规文献，这些佛教卷轴文献是由日本军阀藤原清平

原藏日本中尊寺的佛教文献（公元1117—1126年）

公元764—770年的日本微型佛教木塔

143

（1056—1128）委托编纂的佛教经文和法规，曾收藏于日本本州北部平泉的中尊寺（Chusonji，或称平泉寺）。当年藤原清平委托的这一项目还经常雇佣来自京都的工匠。这些佛教经书用泥金泥银抄写在靛蓝色纸上，在卷首则描绘了释迦牟尼在山峰上讲经的场景。日本中尊寺始建于公元850年，不幸于1337年遭遇火灾，现仅存金色堂和藏经阁。比蒂此行还收集到日本8世纪的微型佛教木塔，可能是1908年寺庙为了支付修复费用而出售的众多宝塔之一，其中的祈祷文是已知较早的日本印刷品。1917年在日本所获的文献，成为比蒂珍藏中亚洲文献的特别补充。

《沃尔辛厄姆圣经》

在亚洲收藏品增加的同时，比蒂的西方收藏品也不断增加——特别是在第一次世界大战之后，其中伦敦书商伯纳德·夸里奇公司成为重要提供者之一。这些新增藏品包括《沃尔辛厄姆圣经》（Walsingham Bible），这一珍籍在1921年之前，原为英国著名古董和图书收藏家托马斯·菲利普斯爵士（Sir Thomas Phillips）所收藏。同时，正是由于与夸里奇的关系，比蒂得以与伦敦维多利亚和阿伯特博物馆合作，入藏了华丽的Minto相册。在这一时期，比蒂还多渠道地获得了另外一些重要的藏品。

约公元1153年的《沃尔辛厄姆圣经》是沃尔辛厄姆修道院中仅存的两本同版圣经之一，其中记载了修道院的租金和收到的礼物，佐证了此文献手稿的原本出处。这一12世纪的珍贵文本包含了《创世记》至《路得记》的内容，共四卷本的《圣经》仅幸存下来一卷。其中《创世记》的开篇一句（在上帝创造天空和大地之初）是用红绿相间的墨水书写的，文字则采用了逐步缩小的渐变字体。

约公元1153年的《沃尔辛厄姆圣经》

印度莫卧儿王朝的绘画肖像图册

1925年，比蒂与维多利亚和阿尔伯特博物馆合作，在伦敦的苏富比购买了印度莫卧儿王朝（1526—1857）时期的绘画书法图册。图册中的肖像无疑是对17世纪早期印度莫卧儿王朝权力的隐喻。下图右侧的肖像画表现了贾汉吉尔皇帝侧身站在一个地球仪上，用箭指着敌人的头；下图中间的肖像画则表现了贾汉吉尔的儿子沙贾汗皇帝站在地球仪上，凝视着蜷缩在下面的敌人，金色的光芒环绕着他的头部；下图左侧肖像画的群像中，莫卧儿五朝的三代人分别坐在不同的宝座上：中间的阿克巴尔皇帝将金王冠传给了他右侧的孙子沙贾汗，而左侧的贾汗吉尔则密切关注着。这一权力移交的重要政治场景也为3个站在下面的朝廷大臣所见证。

印度莫卧儿王朝绘画肖像图册

波斯菲尔多西所撰史诗《列王记》

1921年和1929年，比蒂通过伦敦的吕扎克公司（Luzac & Co），在印度的贝拿勒斯和孟买购买了波斯菲尔多西所撰史诗《列王记》约公元1300年的早期绘本，这是配有插图的《列王记》手稿之一，对了解伊朗早期的绘本历史具有重要价值。这一手稿是在当年蒙古人统治中东并建立喀喇汗王朝（khanids）之后不久产生的。在手稿中可以看到历史背景下的文化印记，如穿着蒙古盔甲的骑士、变异的中国风格的龙形，呈现了国王勇士

约公元1300年的菲尔多西《列王记》早期绘本

向巨龙连发三箭并击中头部等系列戏剧性场景。

切斯特·比蒂所建立的收藏品顾问和代理人网络

由于兴趣的增长和收藏的扩大，比蒂开始建立一个收藏品顾问和代理人的网络来协助他进行文献征集，从而形成了一套有效的专家咨询渠道和联系方法。在所涉及的每一个收藏领域，比蒂都会向当时最优秀的专家进行咨询，以获取是否购买的建议，并保持对他们的尊重，同时也很乐意支付这些专家应得的咨询费。这些专家中包括博物馆馆长、重要文物展的策展人、见多识广的经销商、大学的专业教授等。除前文提及的纽约第五大道专门从事中东艺术品的经销商、伦敦书商伯纳德·夸里奇公司、伦敦的吕扎克公司、伦敦维多利亚和阿伯特博物馆外，这里再介绍其网络中的几位重要人物。

开罗地毯店老板萨基森（Sarkissian）

萨基森是亚美尼亚人，在开店的同时也为眼光敏锐的收藏家采购稀有的文献和特品。如1934年比蒂所购买的出版于1366年的《马穆鲁克马术手册》就是由萨基森提供的。这是阿拉伯文献中关于骑术艺术的最早文献之一，其内容包括如何照顾和训练马匹、利用战马的武器处理、马术游行展示、战斗中的骑兵队形等。13世纪中期，马穆鲁克苏丹国控制着埃及、叙利亚和西部阿拉伯，成为当时阻止蒙古入侵的唯一军事力量。左图展示了一组4名骑士参加的一场比赛以及各自使用长矛的技术。购入这一文献的同年，比蒂已在开罗新建了一栋位于金字塔附近的别墅，由建筑师加斯顿·罗西（Gaston Rossi）设计，并在那里住了几个月。

1366年的《马穆鲁克马术手册》

马德里大学少数民族语言教授雅胡达（A. S. Yahuda）

雅胡达是20世纪早期马德里大学专门研究北非闪族语言的教授，同时也是一位研究宗教学的学者，他曾卖给比蒂许多阿拉伯的手稿和文献善本。1928

年，比蒂所获著名的8世纪早期版本的《古兰经》就是由雅胡达在开罗转让给他的。这一手稿被认为可能产生于倭马亚王朝统治时期（Umayyad Caliphate，661—750），手稿的尺寸很大，写在羊皮纸上的垂直页面格式在当时是比较少见的；版面上方彩星交错的饰带呈红色、蓝色和绿色；其阿拉伯书法是一种独特的紧凑字体，用深棕色墨水书写。

英国国家博物馆专家亚历克斯·加德纳（Alex Gardiner）

英国国家博物馆专家亚历克斯·加德纳（Alex Gardiner）是比蒂不断增长扩大的收藏网络中的重要咨询顾问。20世纪20年代起，比蒂与英国国家博物馆建立了联系，成为该馆的重要赞助人。在此后的数十年中，比蒂的收藏受益于加德纳等专业人员的专业知识，如《爱情诗》就是在加德纳的建议下收藏的。这一《爱情诗》为珍稀的玻璃板，里面记载了一系列古埃及的情歌和其他内容，成为少数幸存于世的埃及爱情诗作。从右图中我们可以看到，版面上标有由7个数字节组成的一系列歌曲符号，每一节的开首和结尾都有一个数字游戏。

公元前1160年的《爱情诗》

首部歌词中有如下的记载：

> 她是独一无二的，
> 一个无与伦比的淑女，
> 比所有人都要高贵。
> 看啊，
> 她就像快乐的新年伊始的星宿女神，
> 容光焕发，
> 光彩照人，
> 有迷人的双眸，
> 有甜美的嘴唇，
> 她可以发声，
> 但惜字如金。

这样的诗句可与中国先秦《诗经》中的爱情诗相媲美。

英国国家博物馆埃里克·米勒的暗号电报

比蒂的收藏也曾受到英国国家博物馆埃里克·米勒（Eric Millar）的指导。1930年早些时候，比蒂回到开罗时拜访了一些古董经销商，这一次，他们中的一位给了比蒂一堆纸莎草抄本。比蒂通过电报请教了远在伦敦的米勒，电报中使用了密码暗号，而米勒也以暗号回复。这些只有他们两人才看得明白的暗号中写着：丰富的银矿中有3个竖井，金矿中有4个竖井，应该买入两者，尤其是银矿。实际上，电文中的"mine"代表了"Manuscript"，"rich"代表了"old"，"shaft"代表了"century"，这样意思就较为清楚了，而局外人还以为他们之间是在讨论矿业经营买卖的生意。这一次，比蒂在专家的帮助下，获得了一件公元200—250年的非常重要的《马可福音》手抄本，这一手抄本被认为是世界上最重要的基督教文献之一。当这份手稿于1931年11月发表在《泰晤士报》上时，即引起了轰动，它改变了人们对君士坦丁《圣经》历史的理解。曾经担任英国国家博物馆馆长的弗雷德里克·肯扬爵士（Frederick Kenyon）在1938年写给比蒂的信中提到："您的纸莎草纸填补了历史上两个世纪的空白，而且在未来所有关于遗嘱批评的著作中占有重要的地位。"

公元200—250的《马可福音》手抄本

比蒂的度假旅行导游

1928年4月，比蒂从埃及经伊斯坦布尔返回英国，正是在这次度假旅行中，他通过导游获得了16世纪中期在伊朗希拉兹市（Shiraz）所出的《古兰经》。这一经典是由著名的书法家鲁兹比汉（Ruzbihan）书写的，书法家的签名以八行竖线写在版式开口的左边。在最后一节之后，鲁兹比汉使用了3种不同的字体来复制正文，并进一步使用了黑色、白色和金字的书法风格来书写章节的标题。版面天头地脚和左右边栏空白处的星纹是一种密集而复杂的艺术组合，四周的水平纹饰呈现出令人眼花缭乱的花卉背景，而中央版心被一系列华丽的心形图案所围绕，形成了一个花环般的边界，精细的射线样装饰延伸到版面的边缘，精美绝伦。有人猜测，如此精致的版面设计，此文献可能是为一个既十分严格而又懂得欣赏的赞助人制作的。

比蒂的收藏原则及分类典藏

在比蒂看来，珍贵文献的唯一标准是它必须具有最高的质量和良好的状态；一旦缺少了这些要点，就会成为中等价值的文献。1925年8月，切斯特·比蒂在给同行卡鲁斯特·吉尔本基安（Calouste Guibenkian）的信中总结了他的文献收藏和特点，就是以品质为上。切斯特·比蒂曾一而再、再而三地强调他对最高文献品质的追求，这些最高品质包括三个方面：一是存世稀有；二是内在价值；三是良好品相。而这种最高品质文献的收藏，需要运用已掌握的知识并进行不断的搜索来予以验证检查。尽管切斯特·比蒂并不是一位专业的学者，但当他与文献有缘相遇时，都会进行仔细研究，并相信自己的眼光，因为这是无数次实物经眼所积累起来的智慧；同时他在做出最后购买决定时，也非常尊重在当时属于最优秀专家的专业咨询意见。

从比蒂的笔记和他对各种文物交易和收藏记录的评论中，可以看出比蒂在数十年的收藏实践中，个人的知识十分渊博，他开始将自己的收藏品按质量和稀有性进行分级，对每份手稿文献采用字母编码并进行打分，同时将经眼的相类文献进行比较。随着收藏的不断增加积累，他的藏品源源不断地入藏于他在伦敦的巴罗达住宅（Baroda House）和位于肯特郡（Kent）的乡村住宅卡列希尔公园（Calehill Park）。1934年，比蒂改建了巴罗达住宅，创建了专门的个人图书馆；12年后的1946年，他还聘请了波斯专家威尔肯森（J. V. S. Wilkinson）

作为其专职的私人图书馆管理员。同时对于收集到的存在残损的文献，比蒂也采取了修复保护的措施。

比蒂收藏的《永乐大典》

即使在1953年比蒂图书馆建成后，比蒂的收藏热情仍然不减。1954年，比蒂收获了3册《永乐大典》残卷，使比蒂图书馆跻身于全球30多个《永乐大典》收藏图书馆之列，也使世界文献学界特别是中国图书馆界开始了解比蒂图书馆。比蒂图书馆所存《永乐大典》残卷为3册9卷，具体为卷803—806（二支韵"诗"字册）1册4卷、卷10110—10112（二纸韵"纸"字册）1册3卷、卷19865—19866（一屋韵"竹"字册）1册2卷，内容分别为诗话、事韵、诗文、竹名等相关文献的记载汇录。1954年9月22日，比蒂通过供职于英国国家博物馆东方印本及写本部的H. C. Lowe（此人也是比蒂的收藏顾问），从詹姆斯·罗素·布雷热（James Russell Brazier，或译为"白莱喜"）的儿子科·布雷热（Col. Brazier）处购买了2册《永乐大典》（卷803—806、卷10110—10112），而詹姆斯·罗素·布雷热曾参加过1900年八国联军侵略中国和对北京皇宫的劫掠，这2册《永乐大典》正是当年八国联军入侵时所劫。另1册卷19865—19866则是由比蒂图书馆的朋友及顾问威尔弗瑞德·马登（Wilfred Merton）所捐，时间为1954年8月19日；马登所捐的这1册《永乐大典》，为其此前以较低价格从伦敦的一家书店购入。当年袁同礼在寻访散佚的《永乐大典》时，曾拜访过马登并对这1册《永乐大典》进行了照相复制。

中外文献中关于比蒂图书馆所藏《永乐大典》的记载

我们还可以通过中外文献的记载来更为详尽地了解比蒂图书馆所藏3册《永乐大典》的相关信息。张忱石在所著《〈永乐大典〉史话》（国家图书馆出版社2014年）一书中提到："北京大学中古史研究中心教授荣新江赴英国研究敦煌文书，得知……爱尔兰的切斯特·比蒂博物馆藏有三册九卷……这无疑是十分重要又令人兴奋的好消息，笔者于1996年冬，亲赴英国、爱尔兰阅看并取得复件。"文中还提到卷19866、19867（当为19865、19866之误）在中华书局续印本中已收。

牛津大学博德利图书馆藏《永乐大典》19册曾于2015年出版，该馆中文部何大伟（David Helliwell）撰写了《欧洲图书馆所藏〈永乐大典〉综述》一文，具体介绍了欧洲所藏59册《永乐大典》的来龙去脉及相关信息，其中包括了比蒂图书馆所藏3册《永乐大典》的收藏源流，此文也被收入2021年出版的《珠还合浦　历劫重光：〈永乐大典〉的回归和再造》，成为了解包括比蒂图书馆在内的欧洲各图书馆所藏《永乐大典》的权威研究文献。（David Helliwell. Holdings of YongLe DaDian in European Libraries.）

2021年6月，中国国家图书馆典籍博物馆第二展厅举办了"珠还合浦　历劫重光——《永乐大典》的回归和再造"展览，在同年出版的展览图册中（国家图书馆，国家典籍博物馆：《珠还合浦　历劫重光：〈永乐大典〉的回归和再造》，国家图书馆出版社2021年），对1900年《永乐大典》所遭受的战火焚毁和劫掠作了记载："光绪二十六年（1900）6月23日，义和团从翰林院一侧攻打英国使馆，双方发生激战，战乱中焚毁了翰林院库房，导致部分《永乐大典》化为灰烬。8月13日，八国联军攻打北京，幸存的《大典》被当作砖石，用来支垫军用物资以及构筑战壕、填平沟渠，甚至被用来遮蔽弹雨，《永乐大典》再遭毁坏。""部分《永乐大典》被运至英使馆，使馆人员趁机私自盗走。八国联军侵占北京后，部分《永乐大典》又被联军士兵据为己有。据统计，翰林院在'庚子之变'中共遗失至少605册《永乐大典》"。学者张升对包括比蒂图书

《永乐大典》副本残卷（图右为19865—19866卷）

馆所藏的现存《永乐大典》残本、零叶、卷目等分别进行了较为详细的考证，为人们提供了更为系统翔实的资料。(《〈永乐大典〉流传与辑佚新考》，社会科学文献出版社2019年)

2002年4月，本书作者王世伟曾有幸参加在中国国家图书馆举办的"《永乐大典》编纂600周年国际研讨会"，会上，时任国家图书馆馆长任继愈先生（1916—2009）有感于劫后尚存的400余册《永乐大典》残本星散于9个国家和地区的30多个公私收藏机构，发表了《呼吁书》，指出"中国国家图书馆决定依照原书版式规格、纸张装帧仿真再版，……这一夙愿的实现尚有赖于全世界《永乐大典》收藏机构、收藏家群策群力，共襄盛举，慨允借用，使这一文化遗产重现于世，垂之永久"。(《〈永乐大典〉编纂600周年国际研讨会论文集》，北京图书馆出版社2003年)任先生的这一呼吁得到了国内外图书馆的热烈响应。

经何大伟介绍，中国国家图书馆出版社与比蒂图书馆取得联系并获得出版授权。比蒂图书馆所藏《永乐大典》曾在中国影印出版过多次。中华书局1984年影印本中有卷19866，但未见第8a页，可能是1931年照相复制时偶尔遗漏的。2003年8月，上海辞书出版社出版了《海外新发现永乐大典十七卷》，胡道静先生（1913—2003）在其生命的最后时刻为此书的影印出版写了序，他在序言中详细论述了《永乐大典》的文献编纂、文献价值、聚散流传、焚毁劫

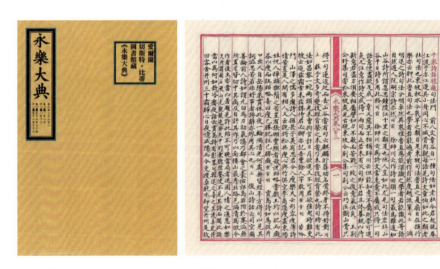

国家图书馆仿真影印出版的比蒂图书馆藏《永乐大典》

掠、寻访复制等，诚为研究《永乐大典》的重要成果。胡先生在序中具体列举了在美国、日本、英国和爱尔兰新发现的18卷《永乐大典》，其中包括比蒂图书馆所藏《永乐大典》3册9卷，但实际缩印出版时尚缺19865卷，故只有17卷。胡道静先生在影印序言中指出："中华书局影印本《大典》卷一九八六六缺第八页前半页，今特补正，并将全卷一并影印。"（《海外新发现永乐大典十七卷》，上海辞书出版社2003年）国家图书馆出版社于2019年11月高仿影印出版了爱尔兰切斯特·比蒂图书馆藏《永乐大典》3册9卷，使人们可以最为完整地看到比蒂图书馆所藏这一流失一个多世纪的珍贵文献。

切斯特·比蒂对文献的深情与慈善之心

作为一个跨国矿业公司的负责人，比蒂有着与人交往的天赋和诚实公正的名声，在他的一生中，曾为许多事业慷慨解囊。如比蒂曾对非洲赞比亚的铜矿工人实施了疟疾控制计划，并由伦敦的罗斯热带卫生研究所具体设计。又如，在两次世界大战期间，比蒂先后将自己巴罗达的住宅改造为战时医院，将卡列希尔公园改建为战时疏散家庭儿童之用。人们在后来回忆对卡希尔公园的改建时曾提到：比蒂建造了一条通向巨大玻璃温室的走道，然后拆掉了棕榈树，并安装了几间浴室。

比蒂晚年将目光投向爱尔兰

第二次世界大战后的发展使比蒂开始把目光从英国转投向爱尔兰。1950年，比蒂移居爱尔兰。比蒂向世人证明，尽管他当时已75岁高龄，但他内心中仍怀有冒险和乐观的精神，而这种精神正是他个人生涯和商业经营中做出许多智慧决策的性格特征。1957年，比蒂成为第一个被授予爱尔兰荣誉公民的人。

1957年比蒂被授予爱尔兰荣誉公民（图片来自比蒂图书馆录像片）

切斯特·比蒂图书馆的建立

比蒂具有爱尔兰血统，他的祖父母是在爱尔兰出生的。1948年，他的小儿子小切斯特（Chester Junior）在爱尔兰基尔代尔郡（County Kildare）的阿姆斯特朗山（Mount Armstrong）有了一套房子，比蒂很喜欢去那里看望自己的儿子。1949年6月，比蒂抵达都柏林，爱尔兰政府认识到此次访问的重要性，由相关部长亲自接待了比蒂。在交流中，比蒂表达了建立私人手稿图书馆的意愿，当时《爱尔兰时报》（Irish Times）的"社会与个人专栏"报道了这一文化访问。在得到其私人收藏在爱尔兰会受到热烈欢迎和支持的信息后，比蒂买下了在都柏林的房产并于1950年夏天搬了进去。

比蒂图书馆的诞生与捐献

比蒂图书馆（图片来自比蒂图书馆录像片）

移居爱尔兰后，比蒂在都柏林什鲁斯伯里（Shrewsbury）路买下了一块地，并在那里建了一家图书馆，图书馆于1953年8月8日正式开放，初始时向学者和朋友开放，一年后便向所有公众开放。

当时出席开放典礼的有爱尔兰的总理、财政部长和外交部长等政府官员。德瓦热拉总理（Eamon de Valera）在典礼致词中说："感谢比蒂先生，这座图书馆将成为未来几代学者的天堂。"在图书馆开放不久，比蒂开始考虑如何确保自己百年之后图书馆有一个好的未来。

比蒂决定去世后将图书馆留给爱尔兰（图片来自比蒂图书馆录像片）

比蒂以美国纽约摩根图书馆作为自己计划制订的基础，他清楚地认识到，他将在爱尔兰建立永久的家。1968年，比蒂在蒙特卡罗的格蕾公主医院去世，当年，比蒂图书馆便正式移交给了图书馆董事会，同时比蒂图书馆每年得到爱尔兰国家财政的支持。

比蒂去世后，当时的爱尔兰总统瓦勒拉（Valera）在悼词中说，比蒂将爱尔兰作为他的家和崇高的资助对象，爱尔兰岛上的后代将以感激的心情提到比蒂的名字。伟人比蒂使他的收藏成了伟大的遗产。诚如切斯特·比蒂生前曾对友人所言："我感到十分惊讶能够做到这一点，它远超我的预期。我想在我们死后的50年或100年，这一图书馆会很受欢迎的。"50多年后的今天，比蒂的预言已成为现实。

"一生的礼物"文献特展

令人惊喜的是，为纪念切斯特·比蒂逝世50周年，比蒂图书馆于2018年10月至2019年4月举办了"一生的礼物"的展览，同时出版了《一生的礼物：来自切斯特·比蒂的珍藏》的图册（Chester Beatty. Gift of a Lifetime: Treasures from Chester Beatty's Collection. Dublin, 2018），比蒂图书馆馆长菲昂努拉·克罗克（Fionnuala Croke）为图册撰写

切斯特·比蒂在1950年（图片来自比蒂图书馆图册）

了《Chester Beatty's Gift of a Lifetime》的序言，使人们得以更详尽深入地了解比蒂的生平和有关展览的内容。克罗克馆长在序文中指出："在我们纪念切斯特·比蒂去世50周年的纪念日，并庆祝他的非凡收藏作为送给爱尔兰民族的礼物之际，将他收藏的'最高品质'的文献汇集在一起，举办一场名为'一生的礼物'的展览是恰当的。此次展出的每一件作品都堪称世界瑰宝，我们永远不能忘记，切斯特·比蒂选择爱尔兰作为这些杰出收藏品的故乡。我们要努力使切斯特·比蒂的收藏系列发挥他们的全部潜力，很好地保存并通过深入研究来更好地了解这些珍藏，让人们世世代代得以分享，这是我们持久的责任。""一生的礼物"主题展向人们展示了比蒂一生收藏的51件珍品，"通过这次展览，我们记住了比蒂的非凡遗产：真正的一生礼物。"

日本画家的《长恨歌图》

在"一生的礼物"展览中，有日本画家狩野山雪（1590—1651）所绘《长恨歌图》，画卷分为两幅，每幅约10米长。这一长达20多米的巨幅画卷较为完

整地表现了中国唐代诗人白居易《长恨歌》所咏的历史场景,同时也为人们了解并研究《长恨歌》与日本《源氏物语》之间的文化交流互鉴提供了艺术的文献案例。在笔者访问比蒂图书馆的2019年,上海古籍出版社也获知了这一珍贵文献的存在,经联系比蒂图书馆,上海古籍出版社于2020年5月出版了《长恨歌图》,为广大读者欣赏这一艺术珍品提供了便利。

长恨歌图,日本狩野山雪(1590—1651)绘

古埃及的木制书夹封套

"一生的礼物"展览中还陈列有难得一见的3—4世纪的古埃及木制书夹封套,被认为是存世最古老的同类物品。珍贵的文献封套往往在装饰品上雕刻镶嵌有象牙、黄金、白银和珠宝等。这一木制封套由珍贵的胡桃木制作,保留了木纹的痕迹及镶嵌的象牙,可惜的是中间的嵌板已被移除,使人们无法了解这一文物更多的相关信息。

公元3—4的世纪胡桃木书夹

古代福音传道者书写经书的场景

"一生的礼物"展览的展品中还有表现古代福音传道者书写经书的场景。如11—12世纪的拜占庭(今土耳其或希腊)福音手稿本,保留了中世纪的装订风格,用紫色布面作书封,体现出其奢侈的地位。其中作为福音传道者的肖像成为手稿插图的重点。从右图中可以看到,福音传道者圣马克停下他的写作,用笔蘸上墨水,他面前的书桌上摆放着书写工具和卷轴,金色的背景象征着他身处天堂并暗示着神的启示。这一手稿代表了12世纪

福音书的最高水平。

"即将到来的——泰国佛教启蒙之路的故事"

在我们参观比蒂图书馆时，正遇上"即将到来的——泰国佛教启蒙之路的故事"（Coming Soon Thai Buddhist: Stories along the Path to Enlightenment）主题展，展期从2019年6月14日至2020年1月27日。当人们步入切斯特·比蒂图书馆时，便为大门上充满宗教气息的主题展览宣传海报所吸引。

11—12世纪拜占庭福音手稿本

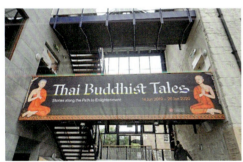

"即将到来的——泰国佛教启蒙之路的故事"主题展

《三藏经和小乘佛教故事》（图片来自泰国。左1895年，右19世纪末）

英国爱尔兰行知录

泰国中部的珍稀佛教手稿和摩尼教纸莎草书

在切斯特·比蒂图书馆的所有珍贵收藏中,保存有来自泰国中部的珍稀而鲜为人知的佛教手稿,其中有60件棕榈叶和纸质文献,这些文献的历史可以追溯至18至19世纪,被认为是世界上同类文献中最好的收藏之一。展览向人们介绍了泰国丰富的佛教遗产和内中所包含的亲人葬礼的故事,此外也为人们解开摩尼教之谜提供了历史文献的线索。1929年,曾在埃及发现7本有关摩尼教的纸莎草书,这些文献可以追溯至公元5世纪前后,而此次展览向人们展示了切斯特·比蒂图书馆所收藏的其中4本,同时还展出了此前从未示人的通过国际借阅的文献。摩尼教(Manichaeism)是波斯古代宗教之一,于公元3世纪由摩尼创立。摩尼在世及死后不久,其教义已传至北非、南欧与亚洲部分地区,公元6—7世纪传入中国新疆和内地,如在洛阳和太原等城市,便建有摩尼寺,在敦煌文献中也曾发现有摩尼教的残经遗存。12世纪前期的方腊起义,曾利用摩尼教作为组织形式。切斯特·比蒂图书馆的主题展在一定程度上勾勒了摩尼教传到北非和东南亚的历史轨迹。通过图文并茂的文献,传教士们凭借掌握多种语言的才能,把包括摩尼教在内的宗教从两河流域的美索不达米亚穿过地中海传到西方,同时向东传至印度、中亚和东亚。

切斯特·比蒂(图片来自切斯特·比蒂图册)

都柏林圣三一学院的长厅与珍籍

圣三一学院是爱尔兰最负盛名的大学,其历史可追溯至1592年,由伊丽莎白一世(Elizabeth I,1533—1603)下令兴建,坐落于都柏林的市中心,古朴高雅的校园与喧闹的城市街区形成了鲜明的对照。

爱尔兰都柏林圣三一学院校园

英国爱尔兰行知录

圣三一学院的校园虽不能与剑桥和牛津大学的规模相比,但却以其令人惊艳的古老图书馆及珍稀馆藏而闻名于全世界,在世界图书馆建筑史上具有鲜明标志性,跻身于世界最美图书馆之列。整座校园中,参观景点有钟楼、餐厅、球中球、老图书馆、伯克利图书馆、图书馆广场和新广场、长厅等,其中最著名、最具吸引力的要数长厅了。

长厅

本书作者王世伟在圣三一学院长厅外的游客长队前留影

由于长厅是最热门的景点,故我们于上午9点半进入圣三一学院后便直奔长厅,当时这里刚排起队,仅20多人,门票单人14欧元。

据介绍,圣三一学院根据1801年的版权法被指定为爱尔兰法定的版本图书馆,有权收藏在两个岛屿上出版的所有图书。由于馆藏存储面临难题,加上长厅的穹顶年

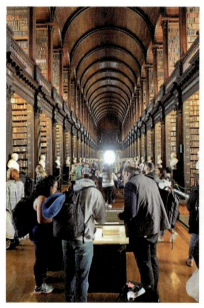 

长厅的穹顶(左)与展橱(右)

都柏林圣三一学院的长厅与珍籍

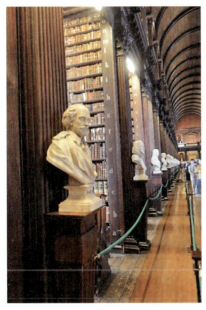 

长厅中的名人塑像（左）与读者（右）

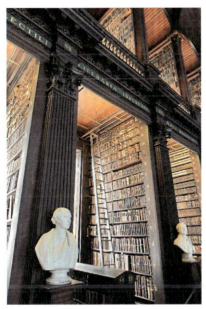 

长厅中的双层书架（左）与环形登梯（右）

久失修，故在18世纪后期，曾对长厅的穹顶进行了修复。当时，两位建筑师（Thomas Deane、Benjamin Woodward）的设计灵感被董事会接受，这样，在1861年5月，一个橡木桶形的新穹顶便取代了原来的扁平式灰泥天花板。今天人们看到的长厅全长63.7米，宽12米，高14.2米。

长厅修复前的水彩画（左）与修复后的照片（右）（图片来自长厅介绍）

传世杰作长厅中，成排书架上存放有20万册图书和手稿，书架外侧为名人塑像，高大的深褐色双层整排书架与乳白色双排整列塑像交相辉映，给人以历史和智慧的视觉冲击。这里始终人流如潮，进入长厅的几乎每一位参观者，都情不自禁地发出为之震撼的惊叹。

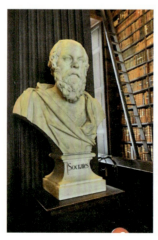 

长厅中的苏格拉底（左）和柏拉图（右）塑像

《凯尔之书》

《凯尔之书》(The Book of Kells，或称《凯尔经》)是进入长厅穹隆形书架通道前需要专门参观的馆藏最珍贵的文献之一，这是全世界最著名的插图手抄本，在迄今800多年前，由爱欧那（Iona）岛上的僧侣创作并抄写，后流传至爱尔兰米斯郡（Meath）的凯尔斯城（Kells）。米斯郡是爱尔兰五大古都之一，它与近旁的劳斯郡（Louth）一起吸引了爱尔兰的第一批定居者，也成为爱尔兰文明的发源地，《凯尔之书》也因此得名。

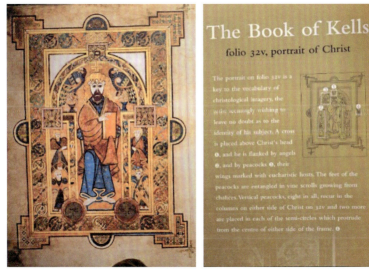

圣三一学院长厅中关于《凯尔之书》的图片介绍

《迪玛之书》

在长厅中，也有关于超越千年之前的各类珍贵文献的介绍，并有关于这些文献制作形成的录像短片和图像文字介绍供参观者观看了解。其中有公元8世纪末的《迪玛之书》(The Book of Dimma)，这是最著名的口袋福音书之一，其每部福音书均以抄写员迪玛的注释结尾。在圣约翰福音的结尾，他被确认为是迪玛·麦克·纳蒂（Dimma mac Nathi），与罗斯克雷修道院（Roscrea）创始人圣克罗南（St Cronan，公元619年去世）为同时代人。这部1 200多年前的文献曾在12世纪被封在一个神殿中。从《迪玛之书》的文字介绍和传教士图像中我们可以看到,手持图书的福音传教士可能剃了头发,没有胡子,也没有光环,坐在一张装饰有鸟首的椅子上,手中拿着一本合上的书。另一幅画像则是圣约翰的象征,图像上的鹰首有一个装饰的光环,呈一对展开的翅膀状。

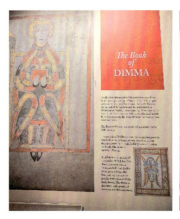 

圣三一学院长厅中《迪玛之书》的介绍(左)与参观场景(右)

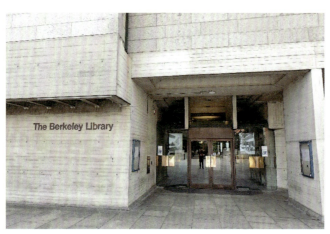 

圣三一学院中的伯克利图书馆(左)与球中球雕塑(右)

贝尔法斯特的泰坦尼克博物馆

在世界航海史上，由于在航行中遭遇风暴、雷电、海啸以及船体本身故障等原因曾发生过无数的海难事件，其中有不少船只沉没，另外还有不少在战争中被击沉的战舰。有一些沉船被打捞出水后，便形成了沉船博物馆。如在瑞典斯德哥尔摩，有一家瓦萨沉船博物馆：一艘17世纪前期豪华的战舰于1628年首航时不幸遭遇强风而沉没，300多年后的1964年，人们在沉船打捞现场建起了一座颇具规模的水上博物馆，成为世界上保存完好的17世纪船舶。瓦萨沉船博物馆把船只建造、沉没的时间以及打捞过程完整地呈现了出来。设计者还根据舰船的布局设置了双层看台，让观众可以清晰地看到战舰的内部设施。当我们来到北爱尔兰贝尔法斯特的泰坦尼克博物馆，这样的体验就更为丰富了。

泰坦尼克博物馆的内外景观

泰坦尼克博物馆建筑全景远眺

泰坦尼克博物馆的建筑外观呈多个巨大梭形部件的组合，如同一个个正面前行的大型船体，也如同翻开的大书，还像展开的巨翼。在博物馆的入口处前，由金属铸件组成了"泰坦尼克"英文字母"TITANIC"，如同中国印章的阴刻艺术，别具一格地向人们展示了博物馆的内在主题；而博物馆外的展臂飞女雕塑，也让人联想起中国敦煌艺术中的飞天造型。

泰坦尼克博物馆外的英文字母（左）与飞女雕塑（右）

走进泰坦尼克博物馆大厅，人们便为地面大型的圆形航海仪所吸引，而层叠高悬的钢铁部件设计，也让人感受到巨轮般的宏伟气势。泰坦尼克博物馆让人印象深刻的，是高科技和多媒体的展陈方式和精彩的展陈内容。

泰坦尼克博物馆入口大厅

贝尔法斯特的泰坦尼克博物馆

从泰坦尼克博物馆中观望今日的贝尔法斯特造船厂

个性化的舒适而生动的缆车体验

为了让游客更好地了解并体验当年贝尔法斯特造船业的辉煌，博物馆中专门设计了虚拟现实场景的缆车观赏路线，游客可以乘坐包厢般的缆车，内中有英、法、德、意、中、奥地利文等多国语言的语音导览讲解，我们选择了中文语音的导览包车。在缆车上下弯曲的行进过程中，左右上下都会生动地再现当年贝尔法斯特造船厂的建造车间和船坞工地以及各类舰船生产的生动时刻，让参观者宛若置身于建造泰坦尼克号游轮的繁忙历史场景之中。

泰坦尼克博物馆中供游客乘坐体验的缆车

167

英国爱尔兰行知录

体验缆车行进中周边展示的造船历史场景

令人叹为观止的铆钉工艺

泰坦尼克号留存至今的影像片段让人感慨万千。大量的照片档案不仅使人们得以了解英国的造船历史,也能够一窥造船工业的许多细节。人们好奇的是,为何当年的贝尔法斯特造船业享誉全球?我们注意到其铆钉工艺可能是重要的技术要素,如同中国古代建造中的榫卯结构,在两个构件中采用凹凸部相嵌套连接的方式,牢固地形成了巨型的木结构建筑;而当年贝尔法斯特造船厂在建造包括泰坦尼克号在内的巨型船舰时,用的正是铆钉工艺,从而将船舰山体般的巨型钢铁结构,通过成千上万个精打细磨的铆钉,牢牢地连接组合成一个巨型统一体。展览中所展示的舰艇,代表了19世纪末至20世纪初世界海军装备在规模、结构和设备方面的先进水平。中日甲午海战中,当时清军北洋水师所使用的部分铁甲舰,就是在这里启航开往中国渤海湾的。

数以百万计的铆钉通过打磨嵌入巨型的船体之中(图片来自泰坦尼克博物馆)

华莱士当年下榻的"年代奢华约会"二等客舱

在泰坦尼克博物馆中,人们可以现场体验当年在泰坦尼克号游轮中被誉为"年代奢华约会"的二等舱场景,这里曾是英国小提琴手华莱士·亨利·哈特利(Wallace Henry Hartley)曾经下榻过的。华莱士曾是泰坦尼克号游轮上的小提琴手及乐队领队,在所有游客中属于数一数二的贵客,故被安排在这样的豪华包舱中。当泰坦尼克号游轮发生灾难性撞击后,华莱士和乐队共7人被要求在一等舱的休息室演奏音乐,以使游客保持镇定;而当船体开始下沉时,他们又转移至甲板上继续演奏。1912年4月15日,华莱士等在泰坦尼克号首航遇险中去世,他和其他音乐家们被宣布为英雄,而华莱士的小提琴和琴套也被找到,成为泰坦尼克号沉船中最主要的文物遗存。

华莱士所下榻的泰坦尼克号游轮二等舱

珍贵的泰坦尼克号游轮影像片吸引了众多的参观者

泰坦尼克号沉没后遗存的珍贵信函

当年乘坐泰坦尼克号游轮首航的埃丝特·哈特,曾在C区二等甲板图书馆舒适的环境中写下了旅途所思所想的信函,其中包括游船上的生活、教会的服务、旅途中的无聊以及希望海上航程尽快结束的愿望;她7岁的女儿发生了晕船,而游客中晕船者并非个例。埃丝特·哈特还写了一张便条,然后把信交给了她的父亲本杰明,本杰明则把信放在了大衣的口袋里。这封信原来计划通过游轮上的邮递服务寄出并在普利茅斯(Plymouth)被取下。但就在写信的同一天晚上,海难发生,当哈特先生的妻子和女儿登上救生艇时,本杰明放置信函的大衣包裹在了埃丝特·哈特的肩膀上。

英国爱尔兰行知录

泰坦尼克号游轮保存的哈特家族信函

遇难者收藏家哈利·威德纳的藏书与遗嘱

泰坦尼克号遇难乘客中有著名收藏家哈利·威德纳（Harry Elkins Widener, 1885—1912）及其家人。哈利·威德纳出身于美国有轨电车企业巨头之家，他曾对人谈到他的祖父、母亲和叔叔："我们都是收藏家。我的祖父收藏绘画，我的母亲收藏银器和瓷器，叔叔什么都收藏，我则收藏书籍。"哈利·威德纳曾就读于哈佛大学，对历史学科尤为专注，读书、购书、爱书、藏书成为他大学生活的写照，也开启了其收藏图书文献的生涯，而雄厚的家族经济实力为其成为文献收藏家提供了必要的条件。在大学就读期间的1905年，他以200美元购买了1841年查普曼和霍尔出版社出版的查尔斯·狄更斯的《奥利弗·特威斯特》，此后便一发而不可收。在母亲的鼓励下，哈利·威德纳在大学毕业前的1906年就购藏了1877年版的塞缪尔·佩皮斯的日记和1874年版的塞缪尔·约翰逊的《教皇传》以及版画、素描、插图书籍等。在图书收藏方面，哈利·威德纳注重收藏他曾经读过并喜欢的书，如19世纪英国著名作家群体的作品等。1907年3月，在哈利·威德纳大学毕业的当年，文献收藏界竞相追求的莎士比亚4套对开本中的第一对开本出现在伦敦苏富比拍卖行，此前哈利·威德纳的母亲已为儿子购藏有3套对开本，哈利·威德纳则以3 600英镑买下了这第一对开本，创下了当时莎士比亚对开本拍卖的最高价格。作为年轻的收藏家，哈利·威德纳的目标是最终拥有尽可能完整的19世纪作家和插画家的文集，同时也希望拥有一些早期作家例如弥尔顿、罗伯特·伯顿和莎士比亚等的作品。1910年，哈利·威德纳收藏的文献已达1 500

卷，并编制了相应的目录。

1912年3月中旬，哈利·威德纳和他的父母一起前往欧洲，他本人的目的是去伦敦收购图书，然后计划乘当时美国最豪华的定期客轮泰坦尼克号处女航返回美国。1912年4月10日正午，泰坦尼克号由英吉利海峡的港口南安普顿启航驶往纽约，在穿越英吉利海峡时曾在瑟堡（Cherbourg）作短暂停留，哈利·威德纳和他父母以及男仆侍女等在这里由摆渡船登上客轮，居住在C-80-82舱。当时哈利·威德纳刚在瑟堡购得多种版本的弗朗西斯·培根的《随笔集》，他曾开玩笑说：我要把培根的这几本小书带在衣袋里，如果我在泰坦尼克号上遭遇海难，它们也将跟着我一起下沉。岂料冥冥之中一语成谶。1912年4月15日凌晨，泰坦尼克号沉没，哈利·威德纳留下的最后愿望和遗嘱是：将我所有的财产都赠予我的母亲，把我的藏书送给哈佛大学，由我母亲决定哈佛何时对这些藏书作适当安排，同时定名这些藏书为"哈利·埃尔金斯·威德纳藏品"（Harry Elkins Widener Collection）。当哈利·威德纳的母亲作为海难幸存者回到美国后，她根据儿子的遗愿以当时350万美元的巨资在哈佛大学建造了一座"哈利·埃尔金斯·威德纳纪念图书馆"（Harry Elkins Widener Memorial Library），以收藏她儿子的珍贵藏书。这一专藏图书馆实际已突破了纪念的局限，而是成为面向所有公众开放的图书馆。1915年，哈利·埃尔金斯·威德纳纪念图书馆竣工，大楼内有哈利·威德纳的纪念室并展示有哈利·威德纳相关文献和纪念品，特别是哈利·威德纳生前收藏的3 300册珍贵书籍，其中包括1623年出版的《威廉·莎士比亚先生的喜剧、历史剧和悲剧》的第一对开本。"威德纳图书馆"在成立以来的100多年中，已逐渐积累起300多万册藏书，成为哈佛大学各大图书馆中独具特色的图书馆，也成为到访哈佛大学不可错过的极具魅力的图书馆。

泰坦尼克博物馆中珍贵的历史展陈

泰坦尼克博物馆展陈有大量的图片和实物，人们据之可以粗略地了解贝尔法斯特作为19世纪末的新兴城市在亚麻布生产、造船工业等方面的发展历史。

作为20世纪初期建造的最先进的游轮，泰坦尼克号的内部装修工作由3 000多名工人花费了10个月才完工。泰坦尼克号游轮内部布局十分复杂，船体的空间设计可谓匠心独具，而船员需要进入船体的所有部分并要在乘客看不见的近旁工作；在商店、厨房与服务区之间，要为数百份饭菜的运送提供快速通道。货物、行李和商场仓库的位置都设计得十分巧妙，避免了对船上设施和服务的干扰。

有关贝尔法斯特城市发展历史的介绍　　泰坦尼克号游轮上的空间通道设计（图片来自泰坦尼克博物馆）

泰坦尼克号游轮的不同等级设计

泰坦尼克号游轮的空间设计可以作为社会学研究的案例。整艘游轮被区分为多个层次，以满足不同乘客的等级需求和相应的分隔；即使是吸烟区的设立，也分为不同的等级。大量的客舱与设施及公共区域被分为3个等级，在不同等级的区域中，装饰水平完全不同。

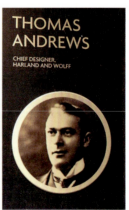

泰坦尼克号游轮首席设计师托马斯·安德鲁斯（图片来自泰坦尼克博物馆）

一等区域的装饰极为豪华，可与当时最好的宾馆相媲美。在这一区域中，游轮提供包括餐饮酒吧、体育运动、休闲娱乐等各类设施。以一等区域的餐厅为例，这里以17世纪早期的雅各布风格装饰，壁墙和天花板均饰有浮雕，整个餐厅中配有精致的橡木家具和钢琴，有404个灯泡提供照明，并引入了自然光照，餐椅则包装有浅绿色的皮革。

泰坦尼克号游轮上的土耳其浴室冷气休息房（图片来自泰坦尼克博物馆）

二等设施包括餐厅、散步甲板、图书馆和吸烟室，其中餐厅采用早期英国的橡木装饰，整座餐厅中布置有44张橡木框架的餐桌并配有红色软垫椅，也配有钢琴。

三等公共区域是最普通的，但优于当时大多数其他游轮上的公共区域。该区域也设有餐厅、休息室、长廊和吸烟室。其中餐厅分为两大区域，一部分服务于单身女性和家庭，

泰坦尼克号游轮上的二等公共甲板（源自泰坦尼克博物馆陈列图片）

另一部分则针对单身男性。区域中的各个空间都有可容纳14人的桌椅和转椅，墙体上镶有镶板，露出的钢材用于悬挂广告海报。

泰坦尼克号游轮上的咖啡吧游廊（左）及三等客舱（右）（图片来自泰坦尼克博物馆）

英国爱尔兰行知录

泰坦尼克号游轮先进的导航设备

泰坦尼克号游轮装备有大量先进的导航设备，以确保游轮能够朝着正确的方向航行。在船体的不同位置，分别安装有罗盘和方向盘，一系列的导航设施能够及时计算游轮所处的地理位置、行驶距离、航行速度以及船体吃水的深度。电报的信息传递能够保持游轮的信息之桥畅通，信息设施还能接收来自灯塔浮标和其他船只发出的水下铃声信号，并可使用马可尼信号、信号灯等方式与其他船只进行必要的通信，以避免大雾等对游轮可能带来的危险。游轮上还有用于预测天气的气压仪和温度计，能及时了解外界通风要求及预测海水结冰的可能；千分表用来表示船体纵向与横向摇晃的角度与程度。照明灯包括桅杆灯、侧灯和锚灯。船上还配备有望远镜、扩音器，并进行严格的日志、日记、图表等安全航行的严格管理。尽管如此，当泰坦尼克号游轮发生碰撞几分钟后，首席设计师托马斯·安德鲁斯便已预测到了其不可避免的命运。据幸存者玛丽·斯隆（Mary Aloan）回忆，她当时已从托马斯·安德鲁斯的脸上读到了她想知道的一切。

泰坦尼克号游轮上先进的导航设施（图片来自泰坦尼克博物馆）

泰坦尼克号游轮沉没后的搜寻工作和遗体遗物处理

当泰坦尼克号游轮沉没的消息传到贝尔法斯特后，当时的新闻报道描述了这座城市的心情：无论坐火车、电车还是在街上，无论走到哪里，都能听到关于灾难的讨论，在所有人的心中，似乎都有一种难以用语言表达的悲痛之情。这座城市哀悼遇难者，痛惜失去了这艘巨轮，数以千计的工厂曾在船上留下过它们的印记。泰坦尼克号游轮上共载有 2 225 名乘客和游轮工作人员，其

贝尔法斯特的泰坦尼克博物馆

泰坦尼克号沉没时，人们穿上救生衣并准备登上救生艇（左侧图片来自泰坦尼克博物馆）

中93%是成人，7%是儿童。

　　泰坦尼克号游轮遇难者和遗物得到了有尊严的安置。在泰坦尼克号沉没后，曾进行了搜寻遗体的工作，过程令人痛心，只有五分之一的遇难者遗体被找到，有209具遗体被搜寻船运回。海难发生后的1912年4月20日，当承担搜寻任务的电缆维修船抵达出事地点海域时，船上有125口棺材，并准备有冰块、保存遗体的材料，还随船派去了殡仪员和助手、牧师和船员。搜寻船的船长曾把第一眼看到的海上遇难者遗体比喻作"一群海鸥在水面上休息"。被运回的遗体均贴上了一个数字，另外在一个装有个人物品的帆布袋上贴有相同的数字。搜寻工作持续了一个多月，由于海风和洋流的影响，大部分遗体已分散漂走；5月25日，当最后一具遗体被发现后，搜寻工作宣告结束。由于随船装载的棺材数量有限，其中100多具遗体只能用帆布包裹后放入大海，举行了海葬。1912年6月，在泰坦尼克号游轮沉没两个月后，发布了遇难者名单，其中特别宣布了一名船员的死亡。泰坦尼克博物馆中展陈了一些遇难者遗体和遗物的处理方式。如在游轮乘务员埃德蒙·斯通（Edmund Stone）遗体上发现了

埃德蒙·斯通遗体上发现的物品及41号物品放置袋（图片来自泰坦尼克博物馆）

与泰坦尼克号海难事件相关的电影海报与照片

一些物品,并专门制作了编号为41号的遗物放置袋,以与遗体相对应。在泰坦尼克号游轮遇难者和遗物的搜寻中,有尊严的安置还表现在尽可能不打扰遇难者相关的船体物品,而不是将所有沉没的船体和物品均打捞出海。

2023年5月18日,英国广播公司公布了由英国深海测绘公司"麦哲伦"和大西洋制作公司共同绘制出的首张全尺寸泰坦尼克号沉船3D数字扫描图像,为揭示这艘全球关注的沉船提供了更多的细节。这些高分辨率的图像利用了深海测绘技术,再现了沉睡于海下约4 000米深处的沉船面貌。自泰坦尼克号沉船于1985年在距加拿大海岸约650公里处首次被发现以来,人们对其进行了大量探索,但尚未捕捉到其整体面目。再现沉船的工作于2022年展开,"麦哲伦"和大西洋制作公司的工作小组通过专业船只遥控的潜水器耗时200多个小时,拍摄了70多万张照片。随着泰坦尼克号沉船遗骸的缓慢解体,历史学家和科学家正争分夺秒地对其展开研究,数十万计的图片及相应的三维影像将为揭示沉船的更多遭遇提供第一手的文献支撑。

泰坦尼克号沉船首张三维扫描图像(图片来自英国广播公司)

贝尔法斯特造船业的珍贵档案

从泰坦尼克博物馆展陈的照片中,人们可以看到当年贝尔法斯特造船公司气势非凡的大型绘图设计厅,数以十计的设计师在一起共同绘制舰船的各类图纸,场面十分壮观。

造船公司颇具规模的设计绘图室和梦幻设计中心(图片来自泰坦尼克博物馆)

人们还可以看到1874年12月15日的造船合伙契约与1888年6月20日的皇后岛造船公司更名的特别决议文件，以及1911年3月31日泰坦尼克号巨轮下水的历史记录等实物，这些都成为世界造船业发展历史的珍贵档案。

1874年12月15日的造船合伙契约（泰坦尼克公司提供）（左）及1888年6月20日的皇后岛造船公司更名的特别决议文件（右）

展陈的图片中，有一幅彩色的被誉为"海洋之王"的邮轮广告照片引人注目，照片中是当年CUNARD LINE公司旗下著名的"路西塔尼亚号

泰坦尼克号下水的历史记录（左）与海洋之王巨轮宣传广告（右）
（图片来自泰坦尼克博物馆）

（LUSITANIA）"与"茅利塔尼亚号"（MAURETANIA）轮船，这是当时世界上最壮观的轮船，也是独一无二的四螺旋桨涡轮机船。宣传广告显示，轮船790英尺长，3.3万吨位，4.3万吨排水量，7.5万马力，无疑是当年海上的巨无霸。

  在本篇访英心得写就之时的2022年9月6日，中国规模最大的古船整体打捞迁移工程启动，主作业船"大力号"起航前往长江口二号古船遗址现场。二号古船是一艘清同治年间的贸易商船，也是我国水下考古发现的体量最大、保存最为完整、船载文物数量巨大的木质帆船，沉睡于上海崇明横沙岛东北部北港航道水下，古船船体埋藏于海床下5.5米。考古调查显示，这艘清代古船船身现存约38.1米，已探明有31个舱室，呈现了上海开埠初期的多元文化。可以预期，不远的将来中国上海将出现一座令人惊叹的沉船博物馆。

遇见世界上第一只克隆羊多莉

在苏格兰国家博物馆，克隆羊多莉（Dolly the sheep）无疑是对各年龄段参观者最具吸引力的展品了。多莉是用细胞核移植技术以哺乳动物的成年体细胞培育出来的第一只绵羊，也是世界上第一个克隆成功的哺乳动物，由苏格兰爱丁堡罗斯林研究所（Roslin）的伊恩·威尔穆特（Wilmut）领导的小组培育，被誉为世界上最著名的动物。"多莉"之名与美国乡村音乐天后多莉·帕顿（Dolly Parton）相联系，因为多莉·帕顿拥有一对丰满的豪乳，而多莉羊是由乳腺细胞发育而来的。当1997年2月27日英国爱丁堡罗斯林（Roslin）研究所的科学研究小组宣布世界上第一头克隆绵羊多莉诞生时，消息一出，立刻轰动了整个世界。多莉于1996年7月5日出生，在经历了多次怀孕生产、维持了近7年的生命之后，于2003年2月14日夭折，其尸体被制成标本，存放在苏格兰国家博物馆。这一生物科技的创造同时也引发了关于克隆技术的争议，在理论与实践上均给世界带来诸多思考。

伊恩·威尔穆特与多莉（图片来自爱丁堡大学罗斯林研究所）

苏格兰国家博物馆的克隆羊多莉标本

位于爱丁堡钱伯斯街的苏格兰国家博物馆是到访爱丁堡的必访景点,虽然其被归为历史博物馆,但从最小的生物到高耸的航天器等,丰富的馆藏和展陈也体现了艺术博物馆和自然博物馆的特点。

苏格兰国家博物馆建筑外观

苏格兰国家博物馆展览大厅

博物馆连底层共分为7层,底层为入口,展厅分布在1—6层。1—2层有动物世界、太空中的地球、生活用地、生活模式、想象发现、时尚与风格等主题陈列;3层有动物感官、不安分的地球、面向大海、陶瓷艺术、制作与创造、打字机革命、设计技术、苏格兰转型等主题陈列;4层有工业与帝国主题陈列;5层有古埃及、探索东亚、艺术遗产、来自大自然的灵感、生活艺术、生活设计等主题陈列;6层有与时俱进的苏格兰、苏格兰是一个不断变化的国家的主题陈列。

博物馆中以画廊的形态向观众呈现,其中有发现和窗口的世界大画廊,艺术、设计和时尚画廊,自然世界画廊,科技画廊,苏格兰历史和考古画廊等。其中探索古埃及、东亚和陶瓷画廊在2019年2月完成了改造,使我们有幸观赏到包括重新发现古埃及和探索东亚以及陶瓷艺术的精彩内容。

如重新发现古埃及画廊展示了古埃及人的非凡文化和成就,如埃及以外唯一完整的皇家埋葬群体、埃及皇后的金戒指、独特双棺材等。探索东亚画廊则反映了中国、日本和韩国的三大文化,使参观者能够对比这三种迷人且充满活力的文化的不同传统、民族和历史,其中包括中国明代的漆器、日本木版画、韩国莲花形杯等,近半数展品是数十年间首次展出,弥足珍贵。陶瓷是最早的人造材料,大约3万年来一直是全球的艺术媒介。

遇见世界上第一只克隆羊多莉

重新发现古埃及画廊的展品

1860年哥伦比亚印刷厂的印刷机

1889年的因奇斯灯塔透镜

苏格兰国家博物馆中的体验互动学习平台

从牧师在湖上滑冰的绘画说起

在苏格兰国家美术馆,有两幅作品是艺术陈列中最具魅力的,给人印象极为深刻,令人过目难忘。

罗伯特·沃克牧师在达丁斯顿湖滑冰

《罗伯特·沃克牧师在达丁斯顿湖滑冰》(图片来自苏格兰国家美术馆网站)

一幅出自苏格兰肖像画家亨利·雷本爵士(Sir Henry Raeburn, 1756—1823)之手,描绘罗伯特·沃克牧师(Reverend Robert Walker, 1755—1808)在达丁斯顿湖滑冰(Skating on Duddingston Loch)。作品中的罗伯特·沃克是卡农盖特教堂的牧师,也是英国最古老的滑冰俱乐部爱丁堡滑冰协会的成员,成员们通常在爱丁堡的达丁斯顿或洛肯德的冰冻湖上会面。

作品在表现时尚潇洒方面发挥到了极致:沃克牧师以经典的黑色亮相,头上戴着黑色礼帽,上穿黑色燕尾服,下着黑色紧身裤,脖围白色丝巾,一手放在胸前,全身微微前倾,右脚向后抬起,目光专注地望着前方。整幅作品把绅士的风度、优雅的时尚、牧师别样的情趣和生活态度都十分传神地展现了出来,堪称18世纪末期有关苏格兰绅士风度艺术之经典,不能不令人叫绝。绘画作者亨利·雷本爵士曾居住伦敦,在意大利也待了一段时间,1787年回到爱丁堡，专注于人物肖像绘画。《沃克牧师在达丁斯顿湖滑冰》成为描绘那个时代一些最受欢迎的人的艺术作品。这幅人物绘画作品是如此的受参观者欢迎，因此由著名雕塑家艾伦·贝蒂·赫里奥特专门为苏格兰国家美术馆制作了沃克牧师的限量版青铜雕塑，均为手工制作，需要10周左右的时间才能完成。赫里奥特于1974年毕业于乔丹斯通艺术学院，在其数十年的艺术生涯中赢得了国际声誉，被认为是苏格兰最成功的比喻雕塑家之

赫里奥特与沃克牧师限量版雕塑（图片来自苏格兰国家美术馆网站）

一。《沃克牧师在达丁斯顿湖滑冰》这一苏格兰国家美术馆收藏的标志性作品，被重新塑造成了一座美丽的三维青铜雕塑，成为苏格兰国家美术馆的重要文创产品。

洛奇瑙的阿格纽夫人

另一幅是署名约翰·辛格·萨金特（John Singer Sargent）、但实际出自格特鲁德·弗农（1864—1932）之手的《洛奇瑙的阿格纽夫人》（Lady Agnew of Lochnaw，1864—1932）。

参观者欣赏阿格纽夫人肖像画

作品中所表现的阿格纽夫人（一称洛奇瑙夫人）有着诸多魅力和别样之处：一是表现了夫人的直接凝视和非正式的姿态，摄人心魄；二是以流动的笔触展示了夫人全身衣着的动态感，动中寓静；三是华丽的座椅和丁香窗框衬托出了夫人的大气高雅，相得益彰。阿格纽夫人的丈夫安德鲁·诺埃尔·阿格纽（Andrew Noel Agnew）是加洛韦洛奇瑙的大律师和男爵，他于1892年委托格特鲁德·弗农为其年轻的妻子画了这幅画，1893年当这幅署名萨金特的作品在皇家学院展出后，引起轰动，雕塑家罗丹称赞作者为"我们时代的范戴克"。萨金特出生于意大利，童年和整个职业生涯中都经常旅行，并曾在巴黎接受训练，发展出了流畅的绘画风格，他以其令人眼花缭乱的笔触和大胆的光线处理而引起艺术界的关注。1884年，萨金特因故搬到伦敦居住。在他的职业生涯中，曾创作了大约900幅油画和2 000多幅水彩画。苏格兰国家美术馆为这幅作品制作了金质画框复制品等文创产品以满足参观者的需求。阿格纽夫人肖像画的流行，不仅使萨金特成为公认的肖像画名家，也使这幅作品的主角阿格纽夫人赢得了社会美女的声誉。

《洛奇瑙的阿格纽夫人》的金色平底画框（图片来自苏格兰国家美术馆网站）

苏格兰国家美术馆

苏格兰国家美术馆位于爱丁堡市中心的王子街附近，收藏和展陈内容包括现代和当代的杰出艺术品，被誉为世界上最好的美术收藏机构之一。这里有苏格兰国家肖像画廊，让参观者能够与塑造苏格兰的过去、现在和未来的艺术家们面对面，并有自己独特的体验，欣赏到苏格兰国家杰出艺术收藏中深受人们喜爱的艺术品。苏格兰国家美术馆展出了一些世界上最伟大的艺术品，包括博蒂切利、拉斐尔、提香、埃尔格雷科、韦莱斯克斯、伦勃朗、维米尔、范戴克、蒂波洛、兰塞尔、盖恩斯伯勒、康斯坦丁、特纳和安吉莉卡·考夫曼等人的杰作。藏品中最全面的部分涵盖了苏格兰绘画的历史，包括拉姆齐、雷本和威尔基。

《苏格兰国家肖像画廊内部视图》这幅墨画，出自托马斯·克劳福德·汉密

苏格兰国家美术馆画廊　　　　　　　　　　《苏格兰国家肖像画廊内部视图》（1890）（图片来自苏格兰国家美术馆网站）

尔顿之手，是作者创作的关于苏格兰国家肖像画廊的两幅作品之一，创作于1890年，即画廊向公众开放的那一年。汉密尔顿留下了关于当时新开放的苏格兰国家肖像画廊的外部和内部的一些精美图纸。画廊是一座宏伟的新哥特式建筑，以展现苏格兰人及其成就。作品中显示了画廊大厅的西侧及周围的一些拱门，3个衣着考究的游客正在通往一楼的步梯。

贝尔法斯特的瓷片大鱼雕塑

北爱尔兰的贝尔法斯特是到访北爱尔兰的必访之地。贝尔法斯特的名字来源于法斯特河（River Farset），法斯特河在多尼加尔码头流入了拉甘河（River Lagan）。这座城市在工业革命中曾通过造船业和纺织业跻身英国乃至全球工业化的先进行列。1800年，贝尔法斯特有2万人口，至20世纪第一次世界大战期间（1914—1918），人口增长至4万。20世纪20年代，成为北爱尔兰的首府。

贝尔法斯特市中心的雕塑（左）和钟楼（右）

第二次世界大战（1939—1945）后，贝尔法斯特城市当年的辉煌逐渐衰退，而20世纪60年代末的暴力事件更使这座城市雪上加霜，直至20世纪90

贝尔法斯特的瓷片大鱼雕塑

年代末,这座城市又重新焕发了青春。1999年在贝尔法斯特市中心拉甘河畔(Laganside)落成的瓷片大鱼雕塑,是这座城市作为旅游业复兴的一个标志,这一富有创意的雕塑成为吸引人们眼球的城市景观和颇具特色的文化地标。这座英语名为"Bigfish"的雕塑由艺术家约翰·金德斯(John Kindness)设计,并由北爱尔兰艺术基金会提供赞助(Funding The National Lottery through the Arts Council of Northem Ireland)建造。由于雕塑为塑片制作,表层打滑,故在雕塑旁有提示:为安全起见,禁止爬上大鱼的顶端;但有些游客还是攀爬上大鱼的背脊进行摆拍。

大鱼雕塑(左)和在雕塑上下周围摆拍的游客(右)

大鱼雕塑除造型和材质颇有特色外,其身上数以百计的瓷片的内容设计也极具文化内涵。当人们走近雕塑,可以看到瓷片上有莎士比亚、狄更斯小说中的人物等图像,也有反映贝尔法斯特造船工业辉煌时期的场景图像以及历史上的报纸等文献记载,为人们提供了了解贝尔法斯特以及英国历史的可视化信息。

大鱼雕塑上的历史人物和场景瓷片

爱丁堡国际艺术节的启示

爱丁堡（Edinburgh）是苏格兰首府，也是英国极具魅力的文化古城和旅游城市，这里的旧城和新城一起被联合国教科文组织列为世界遗产，因慕名每年8月—9月举办的爱丁堡国际艺术节（Edinburgh International Festival），于是我们在旅程中专门安排了艺术节举办月来到了爱丁堡。

爱丁堡国际艺术节以音乐为核心，迄今已有70多年的历史，为了庆祝第二次世界大战的结束，1947年在爱丁堡首次举办了音乐节。经过半个多世纪的品牌塑造，这一国际艺术节现已成为全球艺术品牌最为悠久、规模最大、知名度最高、业界口碑最为出色的艺术节庆活动之一。每年的艺术节期间，都有数以百计的世界顶级音乐人和表演艺术家汇聚于爱丁堡，各类音乐、歌剧、戏剧、舞蹈以及街头表演等为成千上万的观众带来了艺术的盛宴。

当我们于2019年8月中旬来到爱丁堡时，整座城市已披上了节日的盛装，各类演出和表演令人目不暇接，精彩纷呈。

在演出场所的购票处和等待入场的剧院外，到处都是排队的观众。在各街区，每天都有来自世界各地体现不同民族文化的街头艺术表演，吸引了众多过往的游客驻足观赏。一些街头快闪艺术的自由表演则十分注重大众的参与，过往的游客也可以随时加入其中，为人们带来令人兴奋而激动不已的艺术体验。艺术节期间，街头还会摆设一些乐器模型，让游客可以亲密接触并参与互动。在众多的观众中，不时可以看到拖着拉杆箱来看演出的游客匆匆而过。可以说，国际艺术节期间，爱丁堡沉浸在音乐和艺术的氛围之中，激发出每一位参与其中者的艺术创作和艺术鉴赏的潜能，也激发出每一位身临其境者的艺术参与和艺术体验的激情，展现出城市不竭的艺术活力。

爱丁堡国际艺术节的启示

爱丁堡圣吉尔斯大教堂披上了国际艺术节的盛装（左）　排队参与爱丁堡国际艺术节的观众（右）

实际上，爱丁堡每年不仅有国际艺术节，在8月期间也有许多其他节庆活动同时举行。如每年8月在夜间举行爱丁堡军乐节（Edinburgh Military Tattoo），包括军乐队游行、管乐鼓乐集体表演、独轮车表演、杂耍等；另外每年8月还举办爱丁堡边缘艺术节（也称表演艺术节）（Edinburgh Festival Fringe）；爱丁堡国际爵士乐与蓝调音乐节（Edinburgh International Jazz & Blues Festival），包括狂欢游行和露天音乐表演等；爱丁堡国际电影节（Edinburgh International Film Festival），包括展映英国和欧洲的新电影等。此外，爱丁堡的节庆活动还有每年岁末的爱丁堡除夕（Edinburgh's Hogmanay），包括火把游行、街道派对、疯人游泳狂欢等；每年5月至6月举办幻想艺术节（Imaginate Festival），内容主要包括儿童表演艺术，如经典童话故事等；每年6月举办皇家高地展（Royal Highland Show），内容为苏格兰的全国性农业展，包括马术障碍赛、剪羊毛比赛、开拖拉机比赛等，与农业有关的内容可谓无所不包。除此以外，还有每年6月至7月的苏格兰艾尔啤酒节（Scottish Real Ale Festival）、每年7月举办的爱丁堡美食节（Edinburgh Food Festival）等。

爱丁堡国际艺术节不仅为人们带来了艺术的盛宴，也在绿色生态和数字发展方面进行了积极的探索。据悉，2011年爱丁堡的一些文化艺术机构共同成立了慈善组织"苏格兰创意碳"（Creative Carbon Scotland），意在用文化和艺术的方式引导生产者和消费者从自身的行动出发，减少文化产业、艺术生产等

爱丁堡国际艺术节的街头表演

对环境的负面影响,如指导文化艺术组织如何减少水资源消耗、差旅能源消耗和日常能耗以及废弃物等,具体包括:采用更环保的宣传方式,比如用社交网络宣传、图章、二维码等方式来减少传单印刷;鼓励员工、志愿者和观众尽可能采用低碳的出行方式等。

爱丁堡国际艺术节董事会主席蒂莫西·奥谢曾在2019年11月北京举办的

爱丁堡国际艺术节游客参与的街头快闪表演　　爱丁堡国际艺术节街头置放的钢琴模型

全国话剧展演季国际戏剧文化高端对话的演讲中提到:爱丁堡艺术节如今是世界上最大的艺术节,因为它是最具包容性的。节日期间有许多奖项来表彰不同类型的艺术成就,表演者知道,世界各大艺术媒体能在爱丁堡发现他们。艺术节避免举行一些正式的仪式,它在城市的公共场所带来充满活力的自由表演,各种各样的演出为城市凝聚了大量人气。2018年,爱丁堡艺术节就吸引了约400多万人观看，以及来自全球成千上万媒体的关注，也让爱丁堡这座城市频繁出现在世界各地的电视机上。爱丁堡通过戏剧等艺术形式，已将自己与世界联系在了一起。

爱丁堡国际艺术节半个多世纪的辉煌为人们带来诸多的启示。说到爱丁堡，香港城市大学的郑培凯教授曾在上海《文汇报》上发表过一篇题名为《爱上爱丁堡》（2019年12月5日第8版）的文章，其中谈到"爱丁堡"城市名称的寓意和爱丁堡大学的校训，摘要如下：

爱丁堡大学邀请我去举办"书写昆曲"的书法展，同时教当地师生写写毛笔字。书法工作坊结束，轮到我的书法示范节目，于是先写下"爱丁堡"3个字。同学感到好奇，没想到英文名称Edinburgh翻译成中文，是3个字，问我汉字原来是什么意思？我说，"爱"是love；"丁"是一个男子，one fellow；"堡"是castle。合起来，勉强可以译作"爱一座古堡"（Love a castle），同学们高兴得不得了。我问他们，爱丁堡大学的校训是什么？东亚系的系主任莫教授在旁边说，是拉丁文，不好翻译的。有位女生说，有人译成英文，听起来很奇怪，是这么说的："Neither rashly, nor timidly."我说，这句话很好啊，颇有哲理，可以和中文"不疾不徐"对应，正是问学之道，是古人追求真知的至理名言，很有智慧的。我还问起大学创校的时间，说是1583年。嗯，1583年，乃明朝万历十一年，是汤显祖历经多次挫折、考上进士那一年，也是莎士比亚刚结婚不久，蛰居在家乡，生了第一个女儿，尚未到伦敦去闯荡剧场江湖的时候。爱丁堡大学创校，开始培育英才，也真出了些举世闻名的人物，如达尔文、麦克斯韦、休谟、卡莱尔、柯南道尔、史蒂文森、辜鸿铭、朱光潜等。我就濡墨抻纸，写了8个大字："不疾不徐，问学之道。"在旁边还写了一行小字："爱丁堡大学校训"。写完，送给大学的东亚系。

魅力四射的爱丁堡

爱丁堡作为苏格兰的首府，既具有深厚的文化积淀，也不乏时尚的都市元素，让每一个到访的游人都能感受到这座世界历史文化名城无处不在的魅力。

爱丁堡忠犬鲍比雕像　　　　　　　　爱丁堡镶嵌在建筑中的步道

走在爱丁堡的街上，你既可以看到由真人扮演的各类静止的行为造型和化妆艺人的各类音乐表演，也可以即时观赏来自世界各地的独门绝技表演和带着拉杆箱在做木偶表演的艺人；既可以在设计各异的哈哈镜前拍照并忍俊不禁，也可以与具有苏格兰风格的盛装艺人和开怀大笑的儿童塑像进行合影，还可以直接体验当年《哈利·波特》诞生的空间场景或选择穿越古老建筑的楼梯步道，或者满怀深情踏访忠犬鲍比的墓园及雕像。

在人声鼎沸的主街区背后的城区石板小道上，你可以看到与闹市街区截然不同的场景，马路左右停放着整齐的小车，一只鸽子正悠闲地在路中央散步，给人们带来别样的宁静体验。

爱丁堡最负盛名的街区要数科伯恩街区了（Cockburn Street），这里不仅是城市购物和休闲中心，也是具有童话般意境的老街区。科伯恩街始建于1856年，以科伯恩勋爵（Lord Cockburn，1779—1854，苏格兰律师和法官）命名，陡峭的屋顶、尖锐的拱门、不对称的长窗、斑驳的砖石，把人们带回到童话中的古老城堡；蜿蜒上下的街道穿越千年的老城，给人以沧桑感和曲线美；各类咖啡吧、餐厅和专卖店布列两旁，让维多利亚时代的建筑之美与当代商业时尚融为一体。

爱丁堡有历史悠久的爱丁堡大学，也有陈列有多莉羊、埃及文物、蒸汽机车等展品丰富到不及细看的苏格兰国家博物馆，还有展品经典而时尚的苏格兰国家美术馆；每一个地方，都可以让到访者细看整整一天。

爱丁堡在致力于艺术创意的同时，也瞄准了"欧洲数据之都"的建设，正在开启一个以数据驱动创新的计划，

爱丁堡街区一角

爱丁堡《哈利·波特》的出生地

意将爱丁堡打造成"欧洲数据之都"。如今,爱丁堡的城市战略就是建设"欧洲数据之都","爱丁堡创新"也将根据大学的研究重点开拓数据驱动的相关项目。

爱丁堡还十分重视生物多样性保护的国际合作。2020年8月31日,由苏格兰政府主导的关于国家政府、城市和地方政府基于2020年后全球生物多样性框架的《爱丁堡宣言》发布,其序言中指出:"我们高度关切生物多样性减少和气候变化给我们的生计和社区带来的重大影响。这些影响显著地体现在我们的环境、基础设施、经济、健康福祉,以及对自然的享有上。"宣言内容包括完善、实施和承诺《2020年后全球生物多样性框架》以及行动呼吁,已有超过180个国家和地区签署了《爱丁堡宣言》。

爱丁堡城堡

爱丁堡城堡是爱丁堡旅游的必到之处，是居高俯瞰爱丁堡城区的城市中心最佳制高点，位于海拔135米高的死火山花岗岩顶上的城堡，几乎在城区的所有地方均可看到。

在王子大街上仰观爱丁堡城堡

在爱丁堡城堡上俯瞰爱丁堡城区

爱丁堡城堡从公元6世纪就已成为苏格兰皇室的堡垒，比著名的温莎城堡早了400多年。城堡除正面的斜坡外，三面均为悬崖，成为最为坚固险要、易守难攻的军事要塞；城堡上的环状巨型炮台威力强大，可谓一夫当关、万夫莫开。城堡作为历史上重要的皇家居住场所和国家权力中心所在，不仅成了爱丁堡的标志，也成了苏格兰的象征。

爱丁堡城堡作为最具魅力和吸引力的旅游景点，几乎每天都接待如潮的参观者，人们摩肩接踵、饶有兴致地追溯权力之间的种种曲折故事，了解千年之前皇室生活的种种细节。

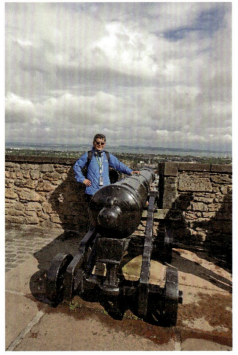

爱丁堡城堡的炮台　　　　　　　　游客怀着期待心情进入城堡

成群的游客在城堡中漫步参观

爱丁堡城堡

城堡有皇冠广场，这里的皇宫曾是苏格兰女王玛丽·斯图亚特（Maria Stuart，1542—1587）的住所。女王一生坎坷，出生一周父亲即去世，她遂即继位；长大后与法国王子法兰西斯二世结婚，丈夫去世后又返回苏格兰亲政，后被苏格兰贵族废黜而逃往英格兰，因西班牙国王勾结天主教势力图谋扶其篡夺英格兰皇位事败露，被英格兰伊丽莎白一世处以死刑。

城堡众多的参观点中，以皇冠陈列室和产房成为最具人气的场所，几乎都要排队很长时间才能入内参观。人们在缓慢的行进参观中，也难以完全理清扑朔迷离、复杂曲折的苏格兰、英格兰以及英法之间的皇室关系。作为苏格兰的荣耀展示，人们在这里可以欣赏到璀璨夺目的苏格兰皇冠和命运之石，过去数百年间，苏格兰国王都是在这块石头上加冕称王。1296年，英格兰国王爱德华一世抢占了这块石头，之后这块石头在威斯敏斯大教堂存放了700年，直到1996年回到苏格兰，成为具有历史意义的事情。

城堡皇宫中陈列的皇冠和命运之石（左）及苏格兰王室庆典宝器三件套（右）（图片来自爱丁堡城堡介绍册页）

作为苏格兰王室的庆典宝器，也被称为"苏格兰之光"（Honours of Scotland），包括皇冠、护国宝剑与权杖。这几件宝器作为一个整体，成为基督教世界最古老的王权标志之一。

在小产房中，记录了苏格兰历史上重要的历史场景。1566年，玛丽·斯图亚特女王在这里诞下国王詹姆斯一世（James I，1566—1625），他是苏格兰国王（1567—1625）和英格兰国王（1603—1625），其母玛丽·斯图亚特被废黜后，他即苏格兰王位，称六世。伊丽莎后一世死后，又获英格兰王位，称一世，开始了斯图亚特王朝统治英格兰的历史进程。

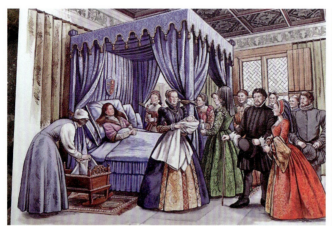 

玛丽·斯图亚特女王在小产房中诞下国王詹姆斯一世　　游客们排着长队等待进入小产房参观

城堡内有军团博物馆（REGIENTAL MUSEUM）和兵器室，陈列有各类军事实物，记载了苏格兰、英国及欧洲的军事历史以及苏格兰人的历史风貌，其中苏格兰卫兵的着装极具特色，并由真人扮演。此外还有作为国家监狱的牢房。

城堡中的军团博物馆（左）和苏格兰卫兵（右）

城堡中的监狱牢房(左)和建筑之间的桥形连梁设计(右)

卡尔顿山

在英国，爱丁堡可谓是一个多姿多彩、魅力四射的城市，这里既有内容丰富、独具特色的城堡，也有积淀丰厚、令人称奇的各类博物馆和美术馆；既有别开生面、移步换景的街区建筑；也有多元多样、吸引眼球的世界各地街头文化展示……

卡尔顿山爱丁堡市天文台

卡尔顿山

到了爱丁堡,除了城堡街区等必看之地外,城区观景台卡尔顿山(Calion Hill)是一个不能错过的景点。卡尔顿山位于王子街的东端,这里是俯瞰环视爱丁堡城区的最佳高地,山的顶部散布着一些19世纪爱丁堡卫城的遗迹。引人注目的是1822年开工建造的国家纪念碑(National Monument),纪念碑仿古希腊帕特农神庙风格而建,高大而精美的石柱雄姿给人以岁月的沧桑感和宏伟的庄严感,远望近观都令人肃然起敬。与山之南部的亚瑟王座山峰相比,这里离城区更近,更具有文化气息,也便于游客登临。

爱丁堡卡尔顿山国家纪念碑

在爱丁堡卡尔顿山上远眺

登上卡尔顿山顶,极目远望,爱丁堡城尽收眼底。这里可以看到爱丁堡城堡、新旧城区、整条王子街,还能俯视曾作为历史上英国女王主要居停地之一的荷里路德宫,以及具有苏格兰典型旷野气息的亚瑟王座(高186米),还可以远望福斯河的入海口福斯海湾。

卡尔顿山上令人过目不忘的景点是杜格尔德·斯图尔特纪念碑(Dugald Stewart Monument),它是整个爱丁堡的著名建筑之一,也是爱丁堡明信片的常选照片之一。这一纪念碑是为了纪念曾作为爱丁堡大学教授的苏格兰哲学家Ducald Stewart,整座纪念碑的风格则是仿照lysicrates雅典得奖纪念碑而建。碑上刻着:

DUGALD STEWART

BORN NOVEMBER 22 1753

DIED JUNE 1828

人们比喻爱丁堡为欧洲北方的雅典,上面提到的国家纪念碑和杜格尔德·斯图尔特纪念碑等建筑风格就是其中的原因。

杜格尔德·斯图尔特纪念碑

卡尔顿山的最高处要数纳尔逊纪念碑（Nelson's Column）了，据历史记载，1805年，海军中将霍雷肖·纳尔逊（Nelson's Column）在特拉法加战役中曾率领"胜利"号击败了法国与西班牙联合舰队，而本人在交战中阵亡。为了纪念这位海军将领，纳尔逊纪念碑于1807年至1815年建成，纪念碑外形酷似老式单桶望远镜，高32米，可供旅游者登临。每天下午1点爱丁堡城堡鸣炮时，纳尔逊纪念碑塔尖的小圆球就会降下。不少旅游者选择日落时登上纪念碑顶，可以鸟瞰令人激动的落日晚霞中的爱丁堡。

爱丁堡卡尔顿山上的纳尔逊纪念碑（右侧）

在纳尔逊纪念碑顶远眺福斯海湾

剑桥大学的牛顿苹果树

游览剑桥大学，可以参观圣约翰学院、国王学院、圣三一学院、女王学院等校园建筑，其中我们参观过的圣约翰学院和国王学院，门票分别为10英镑，数学桥所在的女子学院门票3.5英镑。在这些不同的校园中，可以了解其中的历史故事和文物展陈，也可以参加"康河撑篙"，领略剑河两岸的校园美景和剑河上著名桥梁的不同设计及其有趣传说，还可以参观博物馆和剑桥的街区，尤其不可错过圣三一学院大门右侧的牛顿苹果树，因为这是参观剑桥时必到的打卡之处。

剑桥大学草坪上躺卧的学生（左）与校园圈养的牛群（右）

有着传奇故事的牛顿苹果树

在圣三一学院学生宿舍楼和办公楼前，草地上长有一棵不太高的树，这就是著名的牛顿苹果树，树后的宿舍楼和办公楼就是当年牛顿学习和研究的场所。如果想在游人如织的环境下拍一张清静无人的背景照片，是相当不容易

203

英国爱尔兰行知录

牛津剑桥大学圣三一学院的牛顿苹果树

的，但我们还是凭着耐心拍到了。

艾萨克·牛顿（Issac Newton，1643—1727）是英国著名的物理学家、数学家和天文学家，是作为经典力学基础的牛顿运动定律的建立者，被誉为万有引力之父。爱因斯坦曾经说过："在他（牛顿）以前和以后，都还没有人能像他那样决定着西方的思想、研究和实践的方向。"在上海天文馆参观时，我们曾见到了牛顿于1687年撰写的经典著作《自然哲学的数学原理》，展陈的文字介绍提到，牛顿在书中"首次提出一切物体之间均存在引力，并给出了数字计算方法和具体的应用。万有引力统一了宇宙和地球上的各种物理规律，使人类对自然的认识跃升至前所未有的高度。牛顿的万有引力定律和他所开创的微积分方法，为天体力学以及近代科学与技术的发展奠定了坚实的基础。"

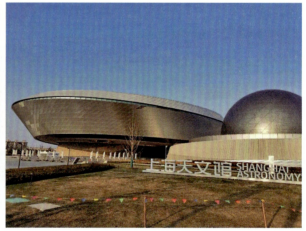

本书作者王世伟在上海天文馆中的牛顿经典著作展陈前留影（左）　　上海天文馆外景（右）

牛顿苹果神话的三个来源

牛顿万有引力定律的发现正是缘于著名的苹果树。传说牛顿因苹果从树上掉下而产生了有关万有引力的灵感；尽管这只是一个传说，但圣三一学院前的这棵苹果树却因其蕴含的科学探索精神而名闻天下。清华大学科学史研究者吴国盛教授曾梳理了牛顿苹果树神话的三个来源：

来源之一，是牛顿《自然哲学的数学原理》第3版的主编彭伯顿在1728年的一本书里写到的，他提到万有引力定律是来自1666年牛顿逃避大瘟疫时的思考。

来源之二，是启蒙运动思想家伏尔泰那本著名的《牛顿哲学原理》。他在1736年出版的这本书里提到，牛顿的外甥女告诉他说，牛顿在乡下看到苹果落地陷入沉思，引发了对万有引力定律的思考。

来源之三，是牛顿的同乡和传记作者斯图克利。他在一本书中提到，1726年，即牛顿去世的前一年，4月15日晚饭后他们俩一起散步时，牛顿亲口对他说，当年就是在相同的情景下，苹果落地引发了自己对重力的思考。（参见《牛顿为什么要制造"苹果神话"》,《解放日报》2020年7月17日第10版）

实际上，我们现在见到的圣三一学院的这棵苹果树栽种于20世纪50年代，是原本生长于牛顿故乡英国林肯郡伍尔斯索普村的苹果树的后代。如今圣三一学院苹果树后的建筑依然是学生宿舍，学生中学习最优秀者可入住其中，每天享受观赏牛顿苹果树的眼福。

牛顿苹果树在中国各地的嫁接培育和赠送栽植

由于牛顿苹果树所蕴含的科学发现和科学探索的象征意义，其后代经中英和中美科技组织及民间纽带，得以在中国多地落地生根，发挥了中英以及中美科学交流和文明互鉴的独特作用。2007年，天津大学代表团曾赴英国伍尔斯索普庄园，在主人的同意下，剪下了牛顿苹果树的枝条，带回中国后在天津大学进行了嫁接培育并得到了茁壮成长，成为中国第一株直接引进的牛顿苹果树。此后，广东的汕头大学（2012）、天津大学北洋园新校区（2015）、上海的辰山植物园（2015）等也先后引进了牛顿苹果树枝条进行了栽植并获得成功。

1969年，美国阿波罗10号飞船在升入太空时携带了牛顿苹果树的种子，种子被带回地球后发芽成长，其所培育出的树苗中有一棵被美国友人赠给了中国，后在北京航空航天大学（以下简称北航）60周年校庆时赠给了北航，现在栽种于北航的校园中，树旁所树《阿波罗苹果树简介》石碑，介绍了阿波罗苹果树的来龙去脉：

英国爱尔兰行知录

1969年5月18日至26日，美国阿波罗10号飞船将牛顿苹果种带入太空返回地球后，由托马斯·佩顿·斯塔福德、约翰·沃茨·杨、尤金·安德鲁·塞尔南等3名宇航员将苹果种交还给菲利普·尼克达。植物园负责人皮特将从菲利普·尼克达处得到的苹果种种植在美国本土，培植出一棵苹果树，后又繁殖出130棵树苗，将其中一棵（俗称阿波罗苹果树）赠送给丹·瑞斯。1992年秋，航空航天工业部第三期厂长经理赴美代表团，在俄亥俄州立大学学习期间，美国友人丹·瑞斯将其获赠的阿波罗苹果树，在位于曼斯菲尔德市179空军基地，经由市长及基地司令等赠送给代表团。该树系赠出美国本土第二棵（之前，第一棵已赠与英国人），经代表团寄送回国，后辗转栽种于贵州安顺011基地办公区内。值此北京航空航天大学建校60周年之际，代表团将阿波罗苹果树赠与北航，体现十年树木百年树人，象征中美两国人民友谊，弘扬人类科学奋进精神，祈福中国航空航天事业兴旺发达，跻身世界强国之林。北京航空航天大学、中国农业大学、中国林业大学、011基地、上海欣盛航空工业投资有限公司、中航工业青岛前哨精密机械有限责任公司、中航工业青岛疗养院、中国航空报社、北京（环球飞行）杂志社等单位，为该树培植成活顺利移京根植北航做出了贡献。原航空航天工业部第三期厂长经理赴美代表团赠，2012年10月25日。

剑桥城镇的风光

繁忙的英国剑桥火车站

在领略牛顿苹果树风采和参观剑桥各大学院的同时，人们也可以参观剑桥的城镇，这里是徒步和骑行的理想之地。从伦敦市中心的火车站可以坐火车至剑桥，来回票价21.2英镑，路上近1个小时，车上人不多，较为舒适。走下火车，只见车站十分繁忙，乘客甚多。令人略感遗憾的是，偌大的车站到处都没找见一个洗手间，后只能在车站附近的一家宾馆请求大堂服务员帮助解决了问题。寻找洗手间可能是英国爱尔兰旅游中遭遇最多的难题。

剑桥不仅有数以十计的各具特色的学院，也有水石书店的连锁店

（Waterstones）、海夫斯书店（heffers）、社区公共图书馆（Eton Library），以及纵横交织的河道、农田与牛群、人声鼎沸的主要街区和安静古朴的后街弄堂，还有在剑河边躺卧的大学生以及写生的美术爱好者，一幅幅美丽的画卷令人流连忘返。

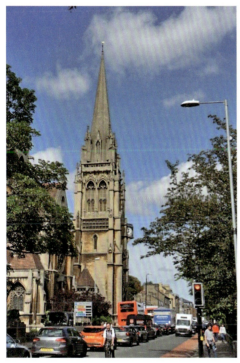 

剑桥繁忙的主街区（左）和宁静的后街弄堂（右）

剑桥的水石书店（左）和海夫斯书店（右）

剑桥公共图书馆（左）和剑河岸边面向游船如织的写生者（右）

苏格兰引以为傲的名人

苏格兰与英格兰、北爱尔兰及威尔士一起,构成了英国(大不列颠及北爱尔兰联合王国,The United Kingdom of Great Britain and Northern Ireland)的版图。当踏入苏格兰的首府爱丁堡城区的繁华地带,令人最感震撼的就是苏格兰引以为傲的名人塑像。那些如雷贯耳的世界名人陆续映入了人们的眼帘。亚当·斯密(Adam Smith,1723—1790)和戴维·休谟(David Hume,1711—1776)的塑像直击心灵,仰望之令人肃然起敬。

爱丁堡亚当·斯密塑像

爱丁堡戴维·休谟塑像

亚当·斯密

亚当·斯密为英国古典政治经济学体系的创建者,被誉为"古典经济学之父""现代经济学之父"。仰望约5米之高的亚当·斯密塑像,人们可以看到其镇定坚毅的形象,正将深邃的目光投向远方。在过去多少年中,人们在追溯马克思主义的三个来源(德国的古典哲学、英国的古典政治经济学、法国的空想社会主义)时,亚当·斯密的名字已深深地留存在世人的记忆之中。亚当·斯密曾在爱丁堡大学和格拉斯哥大学讲授文学、逻辑学和道德哲学,其所撰著的《国民财富的性质和原因的研究》(简称《国富论》)和《道德情操论》成为影响深远的经济学和情感伦理学的经典名著。英国国会议员、伦敦大学哲学博士、名誉院士杰西·诺曼在其出版的《亚当·斯密传:现代经济学之父的思想》中有如下的评论:"亚当·斯密的影响力因其思想的广泛性而被放大。在经济学之外的领域,过去200年里,在哲学、政治学、社会学等领域,许多著名思想家的观点都在一定程度上带有他的印记,包括伯克、康德、黑格尔、马克思、韦伯、哈耶克、帕森斯、罗尔斯、哈贝马斯以及最近的阿马蒂亚·森。"(杰西·诺曼:《戳破围绕着亚当·斯密的迷思》,载《解放日报》2021年2月27日第7版)

戴维·休谟

戴维·休谟是苏格兰著名学者,在哲学、历史学、经济学和美学领域都有所建树。戴维·休谟在年仅26岁时就撰写了世界哲学史上最重要的著作之一《人性论》,其所著历史巨著《英国史》6卷也成为历史学界的经典著作。休谟曾担任英国驻法使馆的外交官并担任过英国副国务大臣。1752年回到其年轻时就读的爱丁堡大学,担任了该校的图书馆馆长,成为图书馆界引以为荣的著名学者。

苏格兰引以为傲的名人还可以列出一长串名单。

瓦特

瓦特(James Wait,1736—1819),著名发明家,出生于苏格兰克莱德河湾的一个港口小镇,曾对蒸汽机作了重大改进和发明。

苏格兰引以为傲的名人

卡内基

卡内基（Andrew Carnegie，1835—1919），出生于苏格兰，为苏格兰裔美国企业家和慈善家，卡耐基钢铁公司的创始人，被世人誉为"钢铁大王"和"美国慈善事业之父"。

贝尔

贝尔（Alexander Graham Bell，1847—1922），出生于苏格兰爱丁堡市，后移民加拿大并入籍美国。贝尔曾获得世界上第一台可用电话机的专利权，于1876年3月10日发出世界上第一条电话信息，1877年创建了贝尔电话公司。

……

长期以来，苏格兰人之所以在英格兰人面前有足够的自信与底气，从以上苏格兰名人录中，人们可以找到其中的原因。

司各特纪念碑

爱丁堡是一个名人辈出的地方，这里有许多名人的纪念碑和塑像，其中英国诗人、小说家司各特纪念碑（Scott Monument）是一座位于爱丁堡C位的都市文化景观。司各特爵士（Sir Walter Scott，1771—1832）出生于父母亲为律师和医生的苏格兰家庭，2岁时不幸患上小儿麻痹症并致腿部残疾；早年曾就读于爱丁堡大学，先后从事过律师和出版事业，曾任爱丁堡高等民事法庭庭长。其早期诗歌富有浪漫主义色彩，小说则多涉及苏格兰和英格兰的历史，如

爱丁堡司各特纪念碑

爱丁堡司各特纪念碑全景

有的作品反映了苏格兰反抗英格兰侵略的斗争，有的作品则描写了撒克逊农民反对诺曼封建主的斗争，还有的作品表现了17世纪英国清教徒与保皇党的斗争，成为英国乃至欧洲历史文学的代表人物，在欧洲历史小说和情节小说中占有重要地位，被文学评论界誉为"历史小说之父"。

司各特纪念碑极为高大，这是一座巨大而典型的哥特式建筑，有4座小塔拱卫着高塔，四边均有拱门，显得既庄严又灵秀。整座纪念碑高达60多米，有287级台阶，纪念碑中央树立着由白色大理石雕造的司各特塑像。塑像身着长袍，双手捧握书本，目光望向远方，表现了作家对经典文献的尊重和对诗歌小说的执着，身边则躺卧着作家的爱犬。司各特纪念碑当年曾通过公共募捐的方式建造，成为整条王子街最具震撼力和历史感的文化景观。

纪念碑的外部分别装饰有64个人物雕像，这些都是司各特小说中塑造的人物形象，纪念碑的内部则为人们展示了司各特的一生。纪念碑所有建筑材料为爱丁堡附近的砂石，在近200年的历史中已逐渐变为黑褐色，如同经历过烈火的熏陶，但愈发给人以古韵沧桑的视觉冲击。这样的建筑风格与司各特浪漫的诗歌和笃实的小说正相吻合。当人们来到爱丁堡，经过王子街，这一纪念碑将不断映入眼帘，成为爱丁堡不可或缺的文化记忆。

丘吉尔二战指挥室

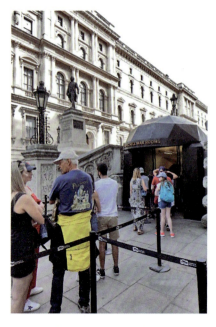

丘吉尔二战指挥室外排队等待参观的游客

伦敦丘吉尔二战指挥室（Churchill War Rooms）位于伦敦的威斯敏斯特和圣詹姆斯地区（Westminster & St James's），在大本钟的西北侧和威斯敏斯大教堂（西敏寺）的北侧，附近有战争纪念碑。

由于伦敦可参观的景点甚多，在伦敦停留不超过一周时间的旅游者，一般很少会选择参观这一景点，且这一小型主题博物馆的门票需要22英镑。尽管如此，当我们来到这一景点时，还是看到有不少游客在排队入内；由于博物馆不大，需要限制客流。

保留原貌的二战指挥室

丘吉尔二战指挥室完整地保留了当年战争时期的原貌，并对丘吉尔的一生作了包括二战时期在内的整体介绍，故也有丘吉尔博物馆之称（Churchill Museum）。丘吉尔（Winston Leonard Spencer Churchill，1874—1965），曾于1940—1945、1951—1955两度担任英国首相，第二次世界大战期间曾组织战时联合内阁，成为英国对德作战的统帅。

整个二战指挥室的主题博物馆将丘吉尔的一生分为1874—1900青年丘吉尔、1900—1929特立独行的政治家、1929—1939旷野时期、1940—1945战争

丘吉尔二战指挥室

丘吉尔二战指挥室的整体导引图　　丘吉尔博物馆

首脑、1945—1965冷战时期的政治家、丘吉尔与中东等部分，而战争指挥室则按二战结束时盟军退出的完整原貌分为内阁作战室、参谋长会议室、地图室、跨大西洋电讯室、BBC广播间、首相起居室、首相厨房、丘吉尔的卧铺间等空间。

参谋长会议室（左）与在内阁作战室门口值守的卫兵（右）

　　二战时期，在地下丘吉尔指挥室中设置的跨大西洋电讯室在战争中起着极为重要的信息传递作用，这里有秘密的热线电话，丘吉尔可以通过它与美国总统直接通话，而不必担心被敌人窃听。但这里也对内部进行了反间谍防范，电讯室从外面看，旁人会以为是丘吉尔的私人洗手间，以防可能的偷听。电讯室中安装有当时最尖端的技术扰频器（Sigsaly），这是由美国贝尔电话公司开发

215

地图室（左）与首席私人秘书办公室（右）

跨大西洋电讯室（左）与内阁作战室（右）

二战指挥室中的电话总机交换台（左）与女转接话务员（右）

的。内阁作战室的电话与电讯室的扰频器（Sigsaly）相连，这样英美两国最高军事统帅可以使用这项技术进行秘密讨论。

1940年9月11日，丘吉尔在内阁作战室进行广播演讲，针对德军当时对英国伦敦和其他城市的日夜空袭，丘吉尔亲自撰写了演讲稿，以鼓舞英国全国的士气，承诺终有一天，盟军会战胜希特勒和德国纳粹。

一位女秘书在丘吉尔办公室工作

丘吉尔进行战时广播演讲时的照片（左）和模拟场景（右）

在第二次世界大战期间的大部分时间里，丘吉尔与妻子克莱门汀（Clementine）都住在二战指挥室上方的一套房间里，被称为"10号附属间"（No10 Annexe）。进入10号空间，门后有楼梯通往丘吉尔的住所和军事指挥总部，这里有丘吉尔的私人地图室和妻子克莱门汀的卧室。从1940年12月至1945年7月，丘吉尔就是在这里度过了近5年的战争生涯。

二战指挥室中的10号战时总部和住所

1944年9月，丘吉尔与妻子克莱门汀（中）和小女儿玛丽（左）

在二战中，丘吉尔的妻子和他们的4个孩子都在战争中发挥了积极的作用。

二战指挥室中也配置有厨房等生活设施，并有便携式太阳灯可对人体轻度治疗，以减缓军事人员在地下长期工作导致的维生素D的缺乏。内阁作战室的工作人员经常工作长达15小时进行轮班，也有夜以继日地工作，长时间不回家，但工作人员都意识到自己工作对战争的重要性；一些秘书和打字员还在工作中分享一些幽默的笑话，有的工作人员之间还建立起了终身的友谊。

二战指挥室中的厨房与烹饪设施

作战室中的手铃与防毒面具

吸取了第一次世界大战期间毒气使用的经验教训，在二战指挥室中也备有防毒面具，而更为先进的防毒面具使地下空间的工作人员即使在遭到毒气袭击的情况下也能继续工作。好在整个二战期间，作战室中的防毒面具未曾使用过。

地下的警报信号提醒作战室中的工作人员注意火灾以及地面攻击等危险，手铃的敲击意味着一切正常，鸣笛、警报器等被用来发出各类警报，走廊上也可以看到解释相关信号的通告文字。

丘吉尔的雪茄展示

丘吉尔钟爱哈瓦那雪茄（Havana cigars），他在早餐后通常会轻松地快速

丘吉尔嘴叼雪茄的艺术剪影漫画（左、中）与手持雪茄的照片（右）

点燃他每天一般8支雪茄中的第一支；他的习惯是不停地重新点燃雪茄，但从不吸完。

丘吉尔的胜利手势

丘吉尔的胜利手势成为其重要的肢体语言特征。丘吉尔说："你问我，什么是我们的目标？我可以用一个词回答：那就是胜利。"

在许多场合，丘吉尔都用食指和中指向人们传递了"胜利"（victory）的信息。

这一特定的肢体语言鼓舞了整个英国民众和世界反法西斯联盟，也成为如今人们对各类胜利成果和美好愿景的表达。

展陈中的丘吉尔哈瓦那雪茄之一

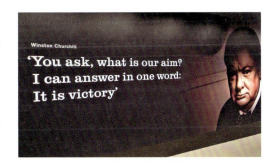

丘吉尔对于胜利目标的自信

二战指挥室（丘吉尔博物馆）中的文献与艺术

二战指挥室（丘吉尔博物馆）中也展示了诸多相关的文献档案和艺术作品。

丘吉尔在年轻时就靠写作增加收入，一生中曾撰写了许多著作，而二战之后的著述（包括文章和著作）使他获得了高额的稿酬，如《第二次世界大战回

丘吉尔在不同场合展示的胜利手势

忆录》《英语民族史》等，均成为全球畅销书，实现了自己书写历史并把过去留给历史的人生追求。其中《第二次世界大战回忆录》6卷本撰写于1946年至1953年间；而《英语民族史》4卷本则于1956—1958年出版，丘吉尔曾在20世纪30年代撰写了这部著作的初稿，书中的重点为英国和美国20世纪之前的历史。

丘吉尔于1953年10月15日荣获诺贝尔文学奖，以表彰他在历史和传记描写方面的卓越成就以及他在人类价值观方面的杰出演讲，获奖的代表作是丘吉

丘吉尔《英语民族史》4卷本

丘吉尔荣获诺贝尔文学奖的《当代伟人》银质装帧本

丘吉尔二战指挥室

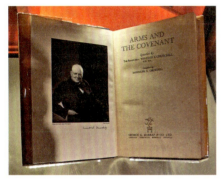 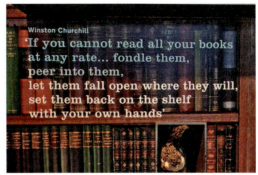

丘吉尔所撰《武器与协议》（1938年出版）　丘吉尔关于阅读的感悟

尔1937年出版的《当代伟人》（Great Contemporaries）。

一生在从政的同时又致力于阅读写作的丘吉尔，对于阅读有着特别的感悟，他认为："如果你不能读完所有的书，无论以什么进度……爱抚它们，仔细端详它们，让它们随意打开，并用你自己的双手将它们放回到书架上。"这是一个阅读爱好者从内心深处发出的对于书籍的喜好与沉浸于悦读之中的心声。

第二次世界大战末期，美、英、苏联三个大国曾于1945年1月底至2月中旬在克里米亚半岛的雅尔塔召开会议，展陈的历史照片展示了会议的历史场景以及被德军轰炸的伦敦圣保罗大教堂周边城区如同废墟般的历史瞬间。

在展陈的文献中，有妻子克莱门汀（Clementine）写给丘吉尔的信函，内

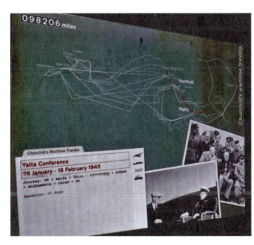 

雅尔塔会议文字与照片　　　　　　　　　伦敦圣保罗大教堂周边城区

221

妻子克莱门汀写给丘吉尔的信函

中警告丘吉尔说,他对待同事的态度已经变坏了。

展陈文献中有一本内阁作战室的访客记录手册,上面有英国国王和王后的签名,美国艾森豪威尔将军(Dwight David Eisenhower)和南非总理斯穆特元帅(Marshal Smuts)的访问也记录在册。

内阁作战室的访客记录手册

印有丘吉尔头像的5元英镑纸币和英格兰银行的信函

2016年9月13日,英格兰银行发行了新的5元英镑纸币,上面印有丘吉尔的肖像,由尤苏特·卡什(Yousuf Karsh)拍摄。展陈的5英镑纸币是英格兰银行为纪念新币发行特地为丘吉尔二战指挥室提供的,编号为AA01 001945,意喻第二次世界大战的结束。

二战指挥室中还有不少引人入胜的艺术创作,特别是有关丘吉尔的绘画、雕塑、摄影等,还有许多有关丘吉尔生平的图书以及各类文创产品等。

丘吉尔二战指挥室

二战指挥室中关于丘吉尔的照片、绘画、雕塑、文创产品和图书等

威廉王子与凯特王妃相识相恋的咖啡馆

圣安德鲁斯（St Andrews）是英国苏格兰北部的一座小城，小城因埋葬着苏格兰的守护神圣安德鲁而得名，城小而景大。这里有久负盛名的始建于1413年的圣安德鲁斯大学（University of St Andrews），是苏格兰最古老的大学城，在整个英国也是仅次于牛津大学和剑桥大学之后位居第三位的古老大学。小城中约三分之一的人口为大学的教职员工和学生。这里有圣安德鲁斯大教堂和圣安德鲁斯城堡，也使其成为一个宗教中心。这里还有全世界最古老和最负盛名的高尔夫球场，是18洞高尔夫的发源地，高尔夫的四大满贯中最古老的英国公开锦标赛每年也在这里举行。所以这里既是大学城，也是宗教的朝圣之地，

威廉王子与凯特王妃相识相恋的咖啡馆

威廉王子与凯特王妃相识相恋的咖啡馆

还是朝圣般涌来的高尔夫球迷的向往之地。不仅如此,圣安德鲁斯的独特吸引力还在于这里有英国威廉王子与凯特王妃相识相恋的咖啡馆。

威廉王子与凯特王妃相识相恋的咖啡馆位于圣安德鲁斯城中的街区旁,这是一座两层的楼房,红色的店招和门窗围框格外引人注目。咖啡馆门堂右边的橱窗上还挂着"Where Kate Met Wills"的文字,是到访圣安德鲁斯城的游客必到之地。我们慕名而去,但一推开门,发现里面挤满了已入座和等待入座的客人,咖啡馆的过道上已无立足之地。客人如此之多而排队等座的时间尚不确定,由于无法长时间等待,只能不无遗憾地放弃了这一难得的现场体验机会,于是便在店外拍照留念。

在圣安德鲁斯城中漫步,你会感到非常的安静。这里长长的砖石路与中国古镇中的路面十分相似,但建筑文化截然不同,各有特色。

圣安德鲁斯城中的砖石路

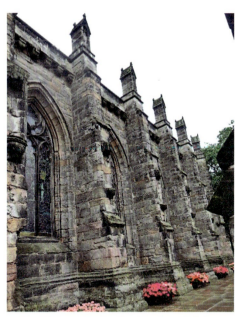
圣安德鲁斯城中的宗教建筑

作为一座历史悠久的古老大学城,这里曾经走出了美国独立宣言的签署者詹姆斯·威尔逊、英国国王詹姆斯二世、免疫学之父爱德华·詹纳、多位诺贝尔奖获得者以及威廉王子及其夫人凯特王妃。圣安德鲁斯大学在历史上与苏格兰王室渊源深厚,成为越来越多的苏格兰上流社会人士为子女挑选接受高等教育的理想选项,这也解释了威廉王子及其夫人凯特王妃当年之所以在此就读,并在城中的"Northpoing Café"咖啡店中相遇而相恋的原因。

由于圣安德鲁斯大学初创时期设立的圣约翰学院主授神学与人文学科(后更名圣玛丽学院),使圣安德鲁斯大学与宗教有着密切联系。如今在圣安德鲁斯大学还保留了当年的一些教堂、礼拜堂和庭院,如圣萨尔瓦托教堂和圣伦纳德教堂,前者还保存着仅存的可使用转调鸣钟的六铃钟,这里成为大学的活动中心并有由学生组成的合唱团。圣安德鲁斯的宗教元素甚至体现在苏格兰的国旗上,人们看到的苏格兰国旗中蓝白相间交叉的形状,就是来源于苏格兰被钉死在X形十字架上的圣徒圣安德鲁。

圣安德鲁斯大学保留的教堂建筑

圣安德鲁斯大学一角

圣安德鲁斯三面环海，至今还能看到海边当年古堡（St Andrews Castle）的断壁残垣，引人发思古之幽情。

圣安德鲁斯城的海岸景色

圣安德鲁斯海边的城堡遗迹

海德公园演讲角的现场体验

伦敦的海德公园（Hyde Park）是每一个到访伦敦的游客都想去了解体验的参访之处，这一非凡的公共绿地以其闻名于世的演讲角（Speaker's Coner）、独特高雅的历史文化、幽静疏阔的湖林景观每天吸引着人们踏足这里观赏休闲。

闻名遐迩的演讲角

曾经在各类文献中看到过海德公园演讲角的故事，于是我们怀着好奇心，于2019年7月17日来到海德公园，想亲身体验一下这个闻名遐迩的民众自由演讲之角究竟是怎么回事。演讲角坐落在海德公园东北面大理石拱门入口不远处的绿地旁。我们去的那天，共有4位演讲者在即兴演说，他们各自带着高低不同的小椅子（有的呈折叠式）站在上面，各演讲者之间相距15米左右。

伦敦海德公园演讲角

海德公园演讲角的现场体验

4位演讲者中有的还带着宣传资料并张挂在绿地的围栏上。从外表观察，4位演讲者都已进入老年行列，其中有一位头戴白帽，手持宣传册子，黑色外衣口袋上插着几支笔，一边做着手势一边在发表着他的感想，显得很投入，也吸引了大部分的听众。另3位演讲者均戴着礼帽，或穿短袖，或着牛仔裤，演讲的神情颇为自信。从演讲者所张挂的宣传资料分析，其中有位演讲的内容主题显然与男性和女性的权利公平相关。

伦敦海德公园演讲角的演讲者

整个演讲角吸引了50—60位听众，有的听讲者比较随意，仅拍照存念而已；有的听讲者则比较认真，还与演讲者进行互动交流。我们属于前者，拍了照片，对演讲现场有所体验便离开了。

1851年伦敦世界博览会的举办地

海德公园占地达到160万平方米，18世纪以前这里还是英国王室的狩鹿场。1851年，这里举办了首届"万国工业博览会"。作为当时欧洲工业革命和金融的中心，英国在其首都伦敦举办世界工业博览会也是顺乎自然的事情，而当时英国也已经举办过多次工业博览会。积极倡导并推进举办世界博览会的艾尔伯特亲王（Prince Albert，1819—1861）曾担任英国皇家艺术协会主席，他认为艺术和工业创作并非是某个国家的专有财产和权利，而是全世界的共有财产。在面向全球征集伦敦世博会展馆设计方案的过程中，曾收到245个方案，而园艺工约瑟夫·帕克斯顿（Joseph Paxton，1803—1865）设计的"水晶宫"（The Crystal Palace）成为最终被采用的方案；这一新颖别致、通体透明、成本低廉、建造快捷的桶状圆顶场馆本身，也成为工业博览会最为成功的创意设计和展品。

伦敦世博会举办期间，共有600多万人次参观了博览会，开了世界博览会的先河。1851年伦敦世博会闭幕后，水晶宫被移至伦敦南部肯特郡的塞登哈姆，以娱乐中心形式向公众开放。可惜的是，1936年11月30日晚，水晶宫整个建筑被一场突如其来的大火彻底烧毁，这一极具创意的世博会展馆建筑也化为历史云烟。

本书作者王晓云与姑父在海德公园休息椅上欣赏所拍的照片

手持目录书的艾尔伯特纪念碑

在海德公园的南侧有艾尔伯特纪念碑（Albert Memorial），这是1876年为纪念维多利亚女王的丈夫艾尔伯特亲王所建，由乔治·吉尔伯特·斯科特（George Gilbert Scott，1811—1878）设计，被誉为19世纪最伟大的哥特式建筑之一。

纪念碑上，艾尔伯特亲王呈坐姿手持国际博览会的目录书，表现了这位对

手持目录书的艾尔伯特纪念碑

世博会发挥过独特作用的历史人物形象。纪念碑的四周有169个人物浮雕，包括著名的建筑师、雕塑家、音乐家、诗人、画家等；同时纪念碑四周内外两圈还有8组群雕，其中外圈的主题是亚洲、非洲、美洲和欧洲，内圈的主题是农业、商业、制造和工程，这正与艾尔伯特作为百科全书式的人物特征相吻合。艾尔伯特纪念碑不仅是海德公园的重要历史文化景点，也成为伦敦重要的文化标志。

艾尔伯特纪念碑四周的人物和主题群雕

艾尔伯特纪念碑对面的椭圆型皇家剧院和皇家音乐学院

纪念碑的街道对面就是椭圆形的皇家剧院和皇家音乐学院。参观当天，我们在穿过马路时偶遇时任中国科技部的部长和随员；因为双方都是华人，在擦肩而过时都对视了一下。

"马与水"雕塑

海德公园有诸多历史遗迹和雕塑，除了艾尔伯特纪念碑外，在公园东北角入口处有大理石拱门，这原来是白金汉宫前面的石拱门，由于门洞相对较为狭窄，白金汉宫于1851年扩建时将这座拱门拆迁至海德公园。

海德公园东北角入口处的大理石拱门（左）和"马与水"雕塑（右）

公园东北角入口处的西侧，有"马与水"的雕塑（Still Water），是英国雕塑家尼克·菲迪安·格林（Nic Fiddian-Greeneen）的作品，这位出生于1963年的雕塑家以马头雕塑主题著称于世。"马与水"的雕塑颇具特色：雕塑高10米，是较为大型的青铜雕塑，展现了骏马低头饮水的瞬间，给人以诗意的温情与古典庄严之感，引得许多参观者驻足留影。但在雕塑的底座平面下，留下了游人的些许涂鸦，与雕塑的整体形象不太相称。诸多精美雕塑镶嵌在海德公园的湖林景色中，给公园增添了许多文化的气息和魅力。

十分惬意的公园湖林与游客

海德公园有九曲湖（Serpentine Lake）和大片的草地绿树，几乎每年一度的夏季音乐会都会在公园里举办。湖中的鸭子成为人们休闲拍照特别是孩子们游乐的对象，草地上成群的鸭子也成为公园的一大景观。在公园休闲的市民，有的在湖中划船，有的在练习溜冰，有的在健身跑步，有的在骑自行车健身，有的坐在草地上阅读学习，有的或独自或举家或三五成群坐躺在草坪上休息，也有的坐躺在分时有偿的折椅上晒太阳，不时还可以看见骑马的巡警从你身边路过；而湖边有露天餐厅，三明治、冰激凌加咖啡是标配，边享用简餐边欣赏园景是许多游客的选择。所有这一切，都好不惬意。

海德公园的湖边露天餐厅（左）与湖中的鸭子（右）

海德公园旁连着肯辛顿公园，内中有供儿童游玩的弧形坡度水池，吸引了众多家长和小孩在其中玩耍。

肯辛顿公园供儿童游玩的弧形坡度水池

坐公交车领略伦敦东西区的不同

世界上一些城市街区的布局或以东西向为横轴铺开，南北向的纵轴则往往并不被看好。如以横轴观察，则伦敦西轴如伊令地区（Ealing）等为"上只角"，中轴为威斯敏斯特区（City of Westminster）等市中心，东轴为"下只角"。其中伦敦东区多居住有移民和贫民，建筑也与西区和市中心有所不同，多为19世纪中期所建造；在第二次世界大战期间，这里大部分地区都曾遭受了轰炸，破坏严重，战后得以重建。在电影等艺术记录中，伦敦东区也常常与黑暗、奇幻、恐怖、黑帮、连环杀手等相联系。由于被告知伦敦东区有不安全因素，故我们的城市行走改为乘公交观光。

我们在西伦敦25路公交车的St Paul's站上车，它的终点站在东伦敦的Ilford/Hainault Street，途中停靠13站，费时约1小时。令人感到神奇的是，我

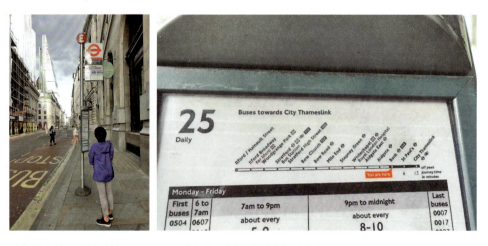

我们乘坐的25号公交车St Paul's站（左）和经过的站名牌（右）

坐公交车领略伦敦东西区的不同

在25号公交车上拍摄的东伦敦街区

们上车后停靠的第一站就是Bank站，公交车在经过昵称"小黄瓜"的标志性建筑约1公里后，两边街面的建筑开始出现明显的变化，房屋显得低矮陈旧，路上走动的市民绝大多数为中东西亚裔和非洲裔；个别街区有些脏乱，但也间有一些新的建筑。

到了终点站，我们又坐25路车原路返回；半路上有一位高大的少数裔乘客坐在我们前排，行驶中他突然面朝前大声祈祷，令其他乘客感到不适，好在不久他便下了车。回程中还遇到2位公交车工作人员上车查票，而我们在西伦敦坐公交车时从未遇到查票的情况。

伦敦25路双层公交车上层场景

我们曾乘地铁到访伦敦东区著名的红砖涂鸦区，这里比较热闹，还算安全。这里早期为孟加拉移民较为集中的地区，随着现代艺术的兴起，这里演变成现代艺术的集中地。涂鸦合法化的政策吸引了全球的涂鸦大师们特别是年青人在此进行艺术创作，红砖巷的涂鸦不时更新，使红砖涂鸦区形成了具有独特个性和艺术范儿的街区，让到访者有了许多期待，发展起了涂鸦旅游。我们到访时，有一些艺术爱好者正在涂鸦。伦敦是世界上著名的创意城市，早在1998年11月，英国文化媒体体育部就发布了《创意产业图录报告》（Creative Industries Mapping Documents CIMP），伦敦政府也于2002年以来多次发布大伦敦（大伦敦主要由伦敦城、内伦敦和外伦敦组成）创造力统计报告，其中涉及创意产业9个业态的就业岗位（creative industry），包括广告、建筑设计、艺术品与古董、时装、电影与录像、软件、音乐和视觉表演艺术、出版、广播和电视等，另外还包括没有划入创意产业的创造性工作（Outside the creative jobs），如教育与卫生、零售宾馆与餐饮、建筑、交通与通讯、金融与保险、制造业等，可据以了解伦敦创意产业的发展轨迹。文化创意产业推动了东部地区的发展和人口的集聚，在东伦敦的发展进程中，伦敦的常住人口也呈现出由西部和南部向东部不断扩散的态势，为创意人才提供了栖息地，让居住在这里或在这里工作的人群感到创造的舒适与自由，从而在创意经济的发展过程中也优化了城市的创意生态系统。

伦敦新金融城金丝雀码头

我们还乘轻轨RLT（Docklands Light Railway）去了新金融城的Canary Wharf，这里就是伦敦市中心（偏东）著名的"金丝雀码头"，既是伦敦的两大金融中心之一，也是重要的商业中心。这里的高大建筑成为伦敦城市天际线的标志之一，也是泰晤士河沿岸领略伦敦现代都市风光的景点之一。这里保留了老码头的建筑并设有伦敦码头博物馆（Museum of London Docklands）和加拿大广场，体现出伦敦充满新颖而浮华闪耀的城市品质。

东伦敦所发生的变化与2012年伦敦奥运会有着密切的关系。当时伦敦奥组委主席塞巴斯蒂安科在申奥之初就明确表示，伦敦申办奥运会的九成意义在于"奥运遗产"，就是要借奥运机遇提振经济、解决城市发展难题，才是伦敦奥运会最看重的。因此伦敦在申办奥运的过程中，为人们演绎了东区复兴的故事，即将西区的繁华向东延伸，以改变东区的破败，也借以改变伦敦城市发展的不平衡，把奥运会作为伦敦东区城市更新再造的催化剂，期待为伦敦带来自维多利亚时代以来最大的改变,同步开发奥林匹克公园主场馆与周边住房和商业配套设施,以修复土壤、改造社会,为相对萧条的东区注入勃勃生机。

就图书馆专业而言,伦敦东区也有值得一提之处。著名的图书馆学家爱德华·爱德华兹(Edward Edwards,1812—1886)1812年12月14日就出生于伦敦东区,1886年2月7日卒于怀特岛的奈顿。

1850年,英国通过了一部公共图书馆法,第二年在曼彻斯特率先成立公共图书馆,任命爱德华兹为市公共图书馆馆长,故爱德华兹被尊为"英国公共图书馆之父"。爱德华兹后去牛津,先后在女王学院图书馆(1870—1876)和牛津大学博德利图书馆(1877—1883)任编目员;他不仅促成了世界上第一部公共图书馆法(The Public Libraries Act)的通过,更是在其专著《图书馆纪要》(Memoirs of Libraries,1859)的下册《图书馆经营》中,专门阐述了公共图书馆理论的两个基本原则(即图书馆不应受政党影响;图书馆是公益事业),在世界图书馆学发展史上产生了深远的影响。

本书作者王晓云(中)与在伦敦工作的学生(右)共进下午茶

既方便又似迷宫的伦敦地铁

伦敦地铁是世界上最早的地铁系统,庞大的地下铁路给数以百万计的城市市民和数量众多的游客带来了交通的便利,成为世界上最繁忙的地铁网之一。伦敦地铁始建于1863年,迄今已有160年的历史,所以有的地铁颇显陈旧老态,甚至尚未安装空调,但也有些新建线路提供了较为舒适的车厢环境。

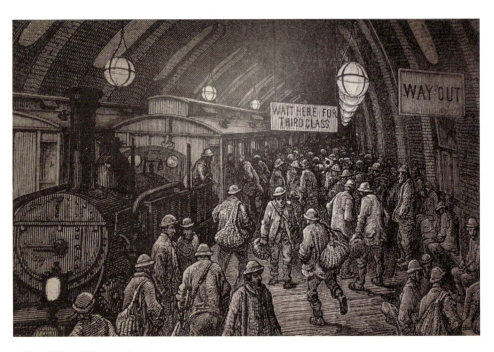

描绘早期伦敦地铁的美术作品

既方便又似迷宫的伦敦地铁

伦敦地铁共有11条线路，以色彩区分；而无论是地铁线还是铁路线，在同一线路上会行驶多线车次，故进入站台，人们都纷纷先抬头观看导引标识中的到达车次与时间。由于线路多，各车站换乘的方式有所不同，交通高峰时还会有区间车和大站车，故刚来到伦敦的游客，由于不熟悉地铁运行的规律和乘坐窍门，或有在地铁站迷路失散的情况。

本书作者王世伟和王晓与姑姑在伦敦地铁红线终点伊令站台合影

本书作者王晓云在伦敦铁路与班次的导引标识处留影

在伦敦地铁线上的意外失散经历

由于伦敦地铁线路及其运行较为复杂，加上我们初次到达，于是我们两人约定，万一迷路或失散，就上到地面用手机联系。在两个月的地铁乘坐中，居然真遭遇了一次两人失散的情况。2019年9月2日，我们在利物浦区参观伦敦犹太人博物馆后，便乘地铁黑线前往北伦敦小镇。当时在A站由于地铁车厢关门较快，当王晓云上了地铁后，王世伟刚要上，门已关闭，于是王世伟对上车的王晓云用手指往下指了指，表示将在A站站台原地等待王晓云返回。考虑到地铁驶出仅一站车程，王晓云到达B站下车返回A站台应该很快。可是令人意想不到的情况发生了：王世伟在A站台等了10分钟还不见王晓云返回，心里感到有些不对，于是按照约定的方式上到A站地面用手机联系，但联系不上；因担心王晓云万一回到A站台找不到人着急，于是再赶快下到A站台。这样往复上下多次，也没有结果。最后等了半个多小时，王晓云终于回到了两人失散的A站台。原来王晓云在到达前方B站后，看到对面正好有地铁开过来，于是按照在上海乘地铁的经验，即上了对面的地铁；但过了一站走出站台，却发现这里是另外的C站，才知原来B站行驶有不同的地铁线路。而从C站回到B站不在同一个站台，再从B站返回到A站又不在一个站台，其中折返换乘，需要转换到另外一处站台。由于语言交流的障碍，加上有的伦敦市民对地铁换乘也不是很清楚，这样经过多次问询，才弄明白返回的路径。这成为我们两个月里乘坐近百次地铁经历中的一次有些小惊心的遭遇。尽管如此，我们还是要向伦敦地铁致敬，毕竟这是160年前设计的线路，而如今在地铁发达的中国北京和上海等城市，不熟悉的游客在乘坐地铁时也会发生换乘的困惑。

伦敦还有铁路网络，共设有十多个车站，与地铁可以换乘。如我们在皇子车站转火车去剑桥，就是地铁线换乘铁路线，来回票价每人42.4英镑。在伦敦，地铁和铁路线上的国王十字车站、滑铁卢车站、维多利亚车站、查令十字车站等各具特色，均成为旅游观光点。

以人为本的公交站点设置

谈到伦敦的城市交通，需要提一下的是它的以人为本的设站理念。我们曾乘63路公交车经过泰晤士上的滑铁卢桥（Waterloo Bridge），前往河北岸边布来法克1号（One Blackfriars SF 1）的临时住处；我们以为公交车会在过桥后较远处才设下一站，于是当停靠桥南一站时便下了车。令人惊奇的是，我们看到公交车居然在桥的北端也停了下来，原来在桥北也设有一个站，这真是太方便了。与此类似的是在伦敦国家植物园，由于园区很大，在沿园区的马路上，公交车设了3—4个站，以方便市民和游客在最近的地方下车。

本书作者王晓云（左）与姑姑徐英（右）在英国国家植物园

行走伦敦的点滴感悟

行走与人类的进化相伴相生，在距今7 000年至5 000年的仰韶文化和距今约4 000年的龙山文化中，已发现有道路的遗迹。中国古文字中的"行"字，就是人在道路中行走的象形字。而城市的行走，是体验城市的文化和了解城市细节的最佳方式。真正的伦敦长什么样？有人可能认为包括红色双层公交巴士、皇家邮政的红色邮筒、红色电话亭、黑色甲壳虫出租车、泰晤士河上的塔桥和大笨钟，以及莎士比亚、福尔摩斯和下午茶，等等。这些从某种意义上讲，也代表伦敦乃至英国的一部分。但如果要深入了解伦敦，可能需要在伦敦生活一段时间。我们在英国深度游的两个月中，其中一半以上的时间住在伦敦，有机会通过city walk相对深入了解伦敦城市的一些独特之处，使我们更加体会到行走和漫游是了解一座城市的最佳方式。

与世界上一些著名的城市一样，伦敦有泰晤士河从市中心穿过。美国布朗大学地球、环境和行星科学教授劳伦斯·C·史密斯在其所著《河流是部文明史》（中信出版社2022年7月）一书中，深刻揭示并阐述了河流与城市文明的关联性。我们在伦敦都市的行走中，也深刻地领悟到了这一点。

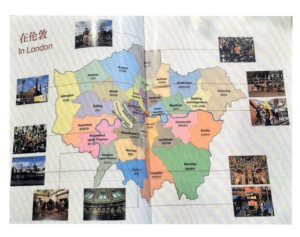

伦敦市的行政区划（图片来自《看见英格兰》）

伦敦眼和千禧桥的魅力

20世纪与21世纪之交,迎来了千禧之年,在伦敦有"伦敦眼"和"千禧桥"的建造与开放。

旋转中的"伦敦眼"观光舱(图片由顾树华提供)

1893年在美国芝加哥举办的世界博览会上,诞生了高达80米的菲利斯摩天轮,被认为开创了现代摩天轮的先河。1897年落成的奥地利维也纳摩天轮,为世界上较早的摩天轮。之后,加拿大安大略省的尼亚加拉、荷兰海牙、新加坡、美国的拉斯维加斯和得克萨斯与华盛顿、德国柏林、澳大利亚墨尔本、法国巴黎、俄罗斯莫斯科、中国的广州和天津及山东潍坊等城市,都先后建有摩天轮。高达约210米的阿联酋"迪拜眼"摩天轮工程在一再延期后,终于在2021年10月21日开始运营。日本为建有摩天轮最多的国家,据统计在日本各城市有大小摩天轮130多座。在全球的摩天轮发展进程中,位于泰晤士河南岸的"伦敦眼"具有里程碑的意义。"伦敦眼"高达135米,落成于1999年并向公众开放,面向国会大楼与大本钟(Big Ben),成为世界游客游览伦敦必到的景点。"伦敦眼"重量达1 600吨,由两个陆地延伸的支架和6条巨型钢索支撑,旋转中的每个舱可容纳25位观光客,360度转一圈需要半小时。"伦敦眼"在转动中始终不停,其回转速度为每秒0.26米,这样的慢速方便乘客自由上下。为了确保安全,"伦敦眼"在正式运营前尝试了几百万次的运算。就旅游经济收入而言,"伦敦眼"在全球摩天轮中独占鳌头;据统计,它每天约接待15 000名游客,每天登轮票价为26英镑,其吸金效益在整个英国付费景点中

从"伦敦眼"观光舱上俯瞰对岸的国会大楼与大本钟（图片由顾树华提供）

排在首位。

1998年建造并于2000年开放的千禧桥，将位于泰晤士河两岸的圣保罗大教堂和泰特美术馆以及莎士比亚环球剧场连接了起来。千禧桥为钢制悬索桥，全长325米。这一人行桥梁的建造，方便了两岸参观者的交通，参观完圣保罗大教堂即可过桥到达泰特美术馆，并可眺望阳光下的圣保罗大教堂的美景。伦敦眼、泰特现代美术馆、圣玛莉艾克斯30号大楼（昵称小黄瓜）等构成了21世纪前期伦敦地标建筑群体。

在千禧桥上观望泰特美术馆外景

在泰特美术馆隔岸远望圣保罗大教堂

登顶圣保罗大教堂

圣保罗大教堂作为巴洛克风格建筑的代表，曾是查尔斯王子和戴安娜王妃举行婚礼的场所，为游览伦敦的必访之处，参观门票为20英镑。教堂的主体建筑高150米，为呈十字形的两座大楼。进入教堂，有111.4米高的穹隆圆顶，穹隆圆顶上端安放有镀金的大十字架。由于建筑较高，登顶的楼梯又十分狭窄，故大多数游客或不知道可以登顶，或者望高而却步。我们怀着好奇心，慢慢地登上了观光的顶层。在圣保罗大教堂顶端鸟瞰，真是非同一般的观赏体验，在这里可以远望地标建筑"碎片大楼"以及金融城，还可以看到我们在 One Blackfriars SF 1 的临时住处，我们请游客给我们拍照留念。在圣保罗大教堂西部进口处的顶端，我们发现有打开的书本的雕塑，在宗教的圣殿中注入了文献的元素。离开大教堂前，我们意外地听到唱诗班在练唱，指挥生动有力，和声美丽动听，音色纯净，直击心灵，让人感觉到灵魂的洗礼。这座教堂还曾出现在电影的场景之中，如大卫·里恩执导的《雾都孤儿》、茱莉亚·罗伯茨与裘德·洛等英美明星主演的《偷心》等。

圣保罗大教堂对面的泰特美术馆有7层和80多间展览空间，是世界上最大的现代美术馆之一，被认为是英国美术史上的分水岭。泰特美术馆有着高耸的标志性烟囱，提示着它是由一座大型发电站改建而成。当人们在泰特美术馆远望千禧桥和圣保罗大教堂的穹顶时，古老与新颖得到了最为恰当的连接，让人们对伦敦"始终古老永远新颖"的赞语有了切身的感悟。

正在登顶圣保罗大教堂的游客

在圣保罗大教堂顶部平台眺望 One Blackfriars SF 1 和"伦敦眼"附近的城区景色

在圣保罗大教堂顶部平台眺望"碎片大楼"附近的城区景色

伦敦塔桥的启降开闭

伦敦塔桥是伦敦市最具代表性的景观之一，因位于伦敦塔近旁而得名。这座铁质桥梁建于1886年至1894年，全长244米，分为扇形两段，中间可以在1分钟内竖至83度起降开闭，以方便高大的船只通行，但这样的机会并不多见，我们非常幸运地在泰晤士河南北岸各遇见了一次扇形桥段的开闭全过程。

泰晤士河两岸伦敦塔桥的起降场景

被列为世界文化遗产的伦敦塔

伦敦塔位于伦敦塔桥的北面，在历史上曾先后承担过堡垒、军械库、铸币厂、监狱、动物园等功能。这里有过许多故事，如关押过伊丽莎白一世等要犯、处决过一些重要人物。英国的热剧《神探夏洛克》也曾在这里取景拍摄。1988年，它被列为世界文化遗产。伦敦塔的历史可以追溯至11世纪中后期的征服者威廉。威廉于1066年的圣诞节在威斯敏斯特大教堂加冕之后，在伦敦建造了多个要塞，如今的伦敦塔就是其中之一。

13世纪初，亨利三世下令将城堡内外刷成

被称作白塔的伦敦塔

白色，伦敦塔从而有了"白塔"之名并沿用至今。白塔于1100年完工，为当时伦敦最高的建筑，成为观测夜空的最佳场所，因此查理二世曾命皇家天文学家在这里安置了望远镜以进行天文观测。伦敦塔中最吸引游人的地方是珍宝馆和白塔，前者为人们展示了英国王室的加冕皇冠、权杖、珠宝、宝剑等珍宝，后者向人们展示了礼拜堂和皇家军械。1671年5月9日，来自爱尔兰的一个3人团伙携带着小手枪、刀具和内藏有刀剑的棍杖来到伦敦塔，将管理人员绑架后，试图偷走皇冠、宝球和权杖；但命运与这伙盗贼开了个玩笑，正当3个盗贼准备逃离伦敦塔时，被绑管理人员的儿子恰巧自外返回并拉响了警报，经过短暂的枪战，3个盗贼被制服并被抓获。

伦敦塔中的档案室（图片来自《伦敦塔》，历史皇家宫殿2018年）

伦敦塔也是重要的国家档案室，这里保存有约13世纪以来的诸多宪章、法律文书、土地交换和金融交易的账本等珍贵档案。由于具体存放档案的上威克菲尔德塔中的情况很糟糕，至18世纪初的1707年，白塔中的圣约翰礼拜堂的功能转为存放档案文献。19世纪时，英国政府要求将所有政府文件集中保存，这样，伦敦塔中的档案便转移到了位于法律区中心法院巷的公共档案署。1998年，这些档案被再次搬迁至伦敦克佑区专门存放和查阅档案的大楼之中。

伦敦大火纪念碑

在行走伦敦的过程中，我们专门去看了伦敦博物馆（Museum of London），里面有伦敦历史上的罗马文化、伦敦鼠疫、伦敦大火和二战中的伦敦大轰炸等展示。1666年9月2日凌晨，位于伦敦老城区布丁巷的一间面包房失火，之后火势蔓延至泰晤士河两岸，大火持续肆虐了4天，伦敦的众多教堂、交易所、

行走伦敦的点滴感悟

伦敦博物馆中陈列的关于伦敦大火的绘画作品

关税大楼以及无数的民居被烧毁，导致约7万人无家可归。

在清理了火灾废墟后，伦敦迅速将城市重建提上日程。当时重建伦敦城的原则是：民众满意他们的土地，建筑商满意他们的建筑，贫穷者满意他们的火灾损失补偿；这座城市将建得富丽堂皇，街道宽敞，房屋没有火灾危险，土地能发挥最大效益；人们可以轻松地行走，办公室和街道保持干净舒适；公共基础设施增强，商店、仓库和码头更加便利。1667年2月8日，由国王授权，并经过全体上议院、下议院议员同意颁布了《伦敦城市重建法案》。1680年，著名投资商人尼古拉斯·巴蓬（Nicholas Barton）和几位合伙人在伦敦交易所附近创立了"火灾保险公司"，这是全世界第一个火灾保险公司，主要是为居住风险提供一些保障。伦敦城的重建于1672年基本完成。重建后的伦敦城，砖石取代了木材成为房屋建筑的主要材料，住房条件得以改善，城市基础设施有所完善，人口也得到了稳定快速的增长。（参见李亚珂：《劫后重生：1666年伦敦大火与城市重建》，载《中华读书报》，2022年3月23日第18版）我们还专程去看了位于伦敦桥东北侧的伦敦大火纪念碑。

伦敦大火纪念碑（图片来自《中华读书报》）

白领站立交流的风俗

伦敦的酒吧是伦敦城市风情中不可或缺的部分。在伦敦市区行走时，你可以发现到处都是下班后成群结队或三三两两喝酒交流的市民，这成为伦敦城市的一道独特风景。对于中国游客而言，十分好奇为何下班之后有如此众多的伦敦市民会三五成群地聚在酒吧外站立着交流。

后经问询了解到，伦敦有相当数量的外来人口，同时约有半数是单身，所

伦敦市民下班后在酒吧外成群站立交流的场景

以有时间喝酒；其中周四下班一定要喝一杯，周五是陪家人，而站着与对方或周边人群进行交流被认为在人际关系上更为贴近；谈论的内容并没有特别的，如计划到哪里去度假，等等。如此的朋友同事小酌聊天会消解一天的工作压力和心情的不愉快，成为忙碌的上班族一天中最轻松的时刻，无怪乎看上去每个手持酒杯站立聊天者的脸上都洋溢着快乐，表现出释放的心情。

诺丁山狂欢节

伦敦的文化多样性已有2 000多年的发展历史。自17世纪后期开始，伦敦成为世界首个港口城市，在全球金融业中居于举足轻重的地位，同时在历史的积淀中，其多元文化进一步发展，特色进一步凸显。在伦敦近千万的人口中，外来人口占了近三分之一，在全球城市中被认为具有超级多样性。这一点在希腊裔英国欧洲移民文化历史专家帕尼科斯·帕纳伊（Panikos Panayi）所著《移民之城：新伦敦历史》(Migrant City a New History of London，耶鲁大学出版社2020年）一书中得到了深入的研究和详细的阐述。每年的诺丁山狂欢节，就是伦敦多元文化的重要载体。伦敦为城市中的少数裔居民专门设立文化狂节日，可以领略其对于文化包容的胸怀。我们在2019年的8月下旬，实地

本书作者在现场体验伦敦诺丁山狂欢节

体验了这一表现多元文化的狂欢节。狂欢节气氛极为热烈，人们带着午餐的干粮和矿泉水，早早地在街区两旁的街上占位，等待狂欢彩车和游行人群的到来。上午10点，游行所经街区已是人山人海，约中午12点左右，狂欢节的彩车和队伍开始出现。据说晚上的盛况比白天更为热烈火爆。由于狂欢节时街区人流涌动，甚为热闹，居住在当地街区的市民有的只能暂时离开，外出旅游以规避干扰，这从街区许多封闭的住宅可以观察到。狂欢节街区还设置了安全检查和临时洗手间，以保证安全和方便游客。

查尔斯·狄更斯博物馆

查尔斯·狄更斯博物馆（Charles Dickens Museum）在伦敦道蒂街（Doughty）48号，具体方位为伦敦西区泰晤士河的北岸、大英博物馆和罗素广场东侧及国王十字车站东南侧不远处，门票8.5英镑，为一幢维多利亚时代的4层建筑。这是狄更斯生前在伦敦的唯一居所，曾由文化彩票基金出资进行修缮，在地下室新增了一个复古的厨房，同时通过收购相邻49号的房产，扩大了博物馆的展陈空间。

博物馆在一楼花园处还辟有咖啡吧。整个博物馆中可以看到狄更斯夫妇、妻妹和仆人们生活工作的空间，包括走廊、餐厅、狄更斯妻子凯瑟林（Catherine Dickens）的起居室、厨房、洗涤室与洗衣房、藏酒窖、会客厅、狄更斯书房、妻妹玛丽·贺加斯（Mary Hogarth）卧室、狄更斯夫妇卧室、狄更斯的梳洗更衣室、儿童房和仆人卧室等。狄更斯夫妇曾于1837年至1839年底在此生活了3年，狄更斯则在这里写下了《匹克威克外传》《雾都孤儿》《马古拉斯·尼克贝》等作品，赢得了国际文学巨星的荣誉。从狄更斯故居的空间布局看，当时狄更斯显然过着一种颇有品质的上流社会生活。他保持着每天散步的习惯，这让他有机会直接体验距离几步之遥的贫民窟的生活状况以及法庭和劳教所等的具体场景。狄更斯故居中的各

本书作者王世伟在狄更斯博物馆门口留影

个生活工作空间也有不少故事，如家中女仆和清洁工们在洗涤室和洗衣房紧张忙碌的工作，都成为狄更斯笔下描写的内容，其作品所流露出的对于这些仆人们的深切同情，赢得了众多家政工人的心；藏酒窖是狄更斯用美酒宴请客人的场所；会客厅则满足了狄更斯自幼便喜爱的即兴表演的欲望，这里俨然成为一个业余的微型剧场，时常上演跨文本的独脚戏；在梳洗更衣室，人们可以看到狄更斯的穿衣礼节，既得体而又时尚……

狄更斯在废除窗户税中发挥了重要的作用。英格兰和威尔士曾于1696年推出窗户税，苏格兰在1748年也开始实施同样的政策，即一座建筑窗户越多，要交的税也就越多。出于避税的考量，廉价公寓楼的房东就用砖头把窗户堵死，或者将窗户税费转嫁到租客身上。当年狄更斯经常公开批评窗口税。在缺少窗户、光线不足、空气流通不畅的情况下，人们的身心健康受到了很大的影响。1850年，狄更斯写道："自从开始征收窗税之后，空气和光线都不再是免费的了。"在著名作家等社会人士和医生们的批评呼吁下，实施了100多年的窗户税终于在1851年被废止。（参见2021年6月29日英国广播公司网站《英国历史故事："用砖头封死的窗户"和阳光空气都要钱的那段往事》）当我们结束对查尔斯·狄更斯博物馆的参观时，这位伟大文学家在《双城记》中所写的经典话语仍在耳畔回荡："这是最好的时代，这是最坏的时代；这是智慧的时代，这是愚蠢的时代；这是信仰的时代，这是怀疑的时代；这是光明的季节，这是黑暗的季节；这是希望的春天，这是绝望的冬天；我们面前应有尽有，我们面前一无所有；我们正踏上天堂之路，我们正走向另一条错误之路。总之，那个时期正是如此。"

剑桥大学"桥"的大家族

在剑桥大学各学院的建筑后面,依剑河而建有许多花园和绿地,旅游指南上称之为"后花园"(The Backs);而剑河上所建的一座座桥,承载了诸多历史故事,成为人们游览的观赏点。

剑桥大学圣约翰学院的建筑(左)与著名的叹息桥(右)

剑桥大学九座桥的分类

对于剑桥大学里的这些桥,我们可以进行三、七、九的分类。

首先是"三",即最著名的三座桥,分别是圣约翰学院的叹息桥(Bridge of Sighs,建于1831年)、女王学院的数学桥(Mathematical Bridge,建于1749年)、圣约翰学院的克莱尔桥(Clare Bridge,建于1639年);这3座是最负盛名的剑河之桥。

其次是"七",就是在前面3座最著名的桥上再加上4座值得一看的桥:即圣约翰学院的厨房桥(Wren Bridge,建于1709年),以及三一学院桥(Trinity College Bridge,建于1764年)、国王学院桥(King's College Bridge,建于1819年)、阁楼青年旅舍桥(Garret Hostel Bridge、又名葛兰特旅社桥,建于1960年)等。

圣约翰学院的叹息桥(左)以及我国现代著名诗人徐志摩的《再别康桥》诗句刻石(右)

最后是"九",就是在前面7座桥的基础上再加上两座桥,这是因为有人将剑桥得名的麦格达伦学院旁的桥(建于1236年)和数学桥的后面作为公路桥的银街桥也纳入剑桥"桥"的家族之中的缘故。

我们先后进入了圣约翰学院、国王学院(门票均为10英镑)以及女王学院(门票3.5英镑),得以近距离观赏各座不同风格的桥以及国王学院桥岸边徐志摩《再别康桥》的诗句刻石。

从不同角度观赏数学桥

在银街的石桥上拍摄的数学桥是游览剑桥大学的标志性照片;即使你有机会坐在剑河撑篙的小船,哪怕是女王学院和数学桥近在咫尺,也无法由船工带着进入女王学院的校园并走上数学桥。

有许多游客可能不知道可以购票进入女王学院,也可能有不少游客觉得坐

剑桥大学"桥"的大家族

游船在数学桥下经过或在银街上远观拍张标志性的照片已经足够；但我们还是在事先做足功课的基础上买了门票进入女王学院，怀着好奇心走近数学桥。可能很少有人这样在数学桥上留影：当我们从女王学院东部老建筑的门向西走上数学桥桥头时，数学桥与西部的新建筑就成了照片的背景。

在银街桥上远观数学桥的标志性照片　　　　　　　　　本书作者王晓云从女王学院东部老建筑向西步入数学桥的瞬间

从女王学院近距离观察欣赏数学桥的另一好处是，与单拍数学桥的普通照片不同，你不仅可以从东部向西部观察，也可以走上数学桥欣赏剑河与河上的游船与游人，还可以从西部或在桥边以数学桥为背景拍照留念，这是进入女王

在数学桥上留影　　　　透过桥上的木框观赏剑河

253

在数学桥边和数学桥下留影

学院游览的"福利"。当你走上数学桥,这座看似脆弱的木桥实际上还算坚固,桥上木条之间的铆钉清晰可见;而从西部朝东观察,桥身的弓弧曲线和古朴的木质在阳光下显得婀娜多姿,尤具古雅灵动的美丽。

数学桥之所以能跻身剑桥之"桥"的三甲之列,不仅是由于其建造时间早,而且由于其与一些传奇的历史故事相联系。数学桥被称为"牛顿桥",传说此桥为牛顿采用数学与力学的方法所设计并建造,且桥上没有用一颗钉子;又传说牛顿的学生曾将此桥拆了,但无法恢复无钉的原样,于是不得不采用钉子重新架起了这座木桥。与历史上许多附会传闻一样,以上的故事均属无稽之谈,与史实有出入,只能当作有趣的故事听听而已。

在女王学院的西部东望观赏数学桥

女王学院的河东为老校区,河西则为新校区;老建筑相对昏暗,新建筑相对光亮,于是人们笑称数学桥将女王学院新老校区的黑暗与光明连接了起来。可以说,女王学院既有自己独特的历史底蕴,同时也因数学桥而名播四方。

数学桥东部的女王学院老建筑

数学桥所在的女王学院始建于15世纪。在数学桥东部的老建筑区,保留了两个中世纪的院落,一是老庭院(Old Court),二是回廊庭院(Cloister Court),此外还有极为精致美丽的半木结构校长小屋(President's Lodge)。

剑桥大学女王学院的入口(左)与学院老建筑(右)

剑桥大学女王学院的老庭院

特别值得一提的是,中世纪荷兰著名学者德西德里乌斯·伊拉斯谟(Desiderius Erasmus,1466—1536),于16世纪第二个十年住过女王学院的塔楼；他曾于1511—1514年在剑桥大学任教，学院中陈列有表现伊拉斯谟执笔书写的画像。

女王学院陈列的表现伊拉斯谟执笔书写的画像

苏格兰高地图姆尔河的鲑鱼洄游统计

在苏格兰高地的金库西小镇和皮特洛赫里小镇往西不远，就到了图姆尔河（River Tummel）流经的区域。这里河道开阔，河面宁静如镜，成为人们躲避城市喧闹、追求心灵放松不可多得的山水景色。图姆尔河不仅是维多利亚女王以及查尔斯和戴安娜都很喜欢的景点，他们曾经多次到此游览，而且还以捕捞鲑鱼而著称。

苏格兰高地中部图姆尔河景观

如今游客到此，更多关注的是关于鲑鱼洄游的自然生态保护。图姆尔河是鲑鱼洄游的必经之地，但在1947至1951年，当地出于发展电力的需要，在图姆尔河上建起了一座大坝并形成了大坝上游的水库（Loch Faskally），这样就使鲑鱼洄游的路线遭到了阻挡。于是人们在河道侧面另开出一条阶梯状的流水

供鲑鱼洄游的阶梯流槽通道　　图姆尔河鲑鱼洄游和大坝专题展览

通道，供鲑鱼通往上游产卵。阶梯一共有34个独立水池，总长度为310米。

在大坝一侧的游客中心，围绕鲑鱼洄游的主题有一个展览，向游客介绍大坝和鲑鱼的有关情况，包括统计鱼类数量的相关模型和图片。

据图姆尔河鲑鱼洄游专题展览的介绍，苏格兰北部水电部门在20世纪50年代早期，就已开始统计图姆尔河中向上游洄游的鱼类数量。如今，苏格兰和南方能源公司继续在18个地点对鱼群洄游进行观测，以检查鱼类是否通过，通过的数量有多少。运用现代计数器，历年收集了大量有关鲑鱼洄游的信息，这些信息包括日期、时间和照片，对于管理鲑鱼的种群非常有用。苏格兰和南方能源公司赞助了一些使用相关统计数据开展的学术项目。此外通过现代计数器，可以获知鱼群是向上游还是向下游的信息，并可通过图像来确定鱼的大小和性别，甚至可以估算出雌性鱼携带的卵的数量，进而测算出上游的产卵总数。

在中国的青海湖，也有数量颇为可观的湟鱼洄游现象，但要比苏格兰鲑鱼洄游难度大得多，因为这些鱼群要跃过2米多高的堤坝。青海湖湟鱼是我国独有的物种，属国家二级保护动物，因属鲤科，无鳞，且产于青

鲑鱼洄游统计专题展览中的示意图

海湖水系，故其学名为青海湖裸鲤。当地政府安排有民警专门负责巡查沿青海湖180公里的岸线、2230平方公里的水域面积，包括10余条湟鱼洄游的淡水河流。青海湖是微咸水湖，每年5月至8月，为规避高盐高碱的青海湖水抑制其性腺的正常发育，湟鱼都要以生命为代价，向入湖的淡水河上游拼命洄游，以刺激性腺发育成熟，并在进入青海湖的淡水河道中孕育繁衍后代，主要包括布哈河、泉吉河、黑马河、哈尔盖河等河道。现在生物多样性保护和绿色生态的观念已深入人心，当地在洄游季节会安排电视、网络直播，2018年网上直播点击率达2 000多万次，保护湟鱼已经家喻户晓。湟鱼洄游所形成的"半河清水半河鱼"的壮观场面吸引了众多游客。与苏格兰图姆尔河鲑鱼洄游异曲同工的是，为避免人类活动对湟鱼洄游造成障碍，当地政府已将沙柳河2米多高的拦河坝换成了由20多级台阶组成的洄游通道，每级台阶高15厘米，其中还修了凹槽。

苏格兰高地金库西小镇和火车站

苏格兰高地的金库西小镇（Kingussie）和皮特洛赫里（Pitlochry）小镇位于圣安德鲁斯西北方向的苏格兰中部，这片区域被认为是英国历史深深植根的地方。从爱丁堡或圣安德鲁斯往苏格兰高地中部地区，人们可以逐一领略由苏格兰低地往高地的移步换景的风光。壮美的高地风光中，湍急的溪流、宁静的湖水、崎岖的山路、典雅的古桥、茂密的森林、偶遇的瀑布、起伏的山脉，将游人带入了苏格兰独特的自然环境之中。这里有位于皮特洛赫里小镇近旁作为铁路交通站点的金库西小镇，英国铁路线高地主线在这里设有金库西火车站，使其成为苏格兰高地人文和自然相交融的景观。

我们入住了小镇上的 Star hotel 宾馆。宾馆位于十字路口，在房间里可以观赏镇上的街景。据介绍，镇上人口只有几千人。饭后到镇上散步，意外地发现了金库西（Kingussie）火车站。这是一个典型的古老英国车站，铁路线的内侧

金库西小镇的 Star hotel 宾馆

苏格兰高地金库西火车站外景

是候车厅，车站外侧是停车场，其中候车厅的围栏则使用了现代建筑材料的元素。远远望去，车站墙面上红白相间的Kingussie标识醒目可见。

当我们来到候车厅时，但见只有一位乘客在候车；令人略感惊奇的是，这位乘客还带着自行车。约10分钟后，一列编号为179413的火车缓缓驶入车站，约有七八位乘客下车。在那位带着自行车的乘客上车时，我注意到在下客的乘客中，也有带着快速滑轮车的，说明在苏格兰的火车上允许携带便捷的交通工具。现代化的列车与新旧融合的古朴的车站候车厅形成了鲜明的对照，让人有从历史驶向未来的感觉。

苏格兰高地金库西火车站候车厅

停靠金库西火车站的列车和上下车的乘客

在小镇上散步，我们路过了金库西小学（Kingussie Primary School）。学校建筑拱形的花瓣式长窗、拱门以及教堂般的尖顶，给人以庄严之感。校舍外有低矮的木栅栏围成的区域，作为小学生的课外活动场所。当时是黄昏时分，校园显得格外的安静；可以想见，在白天上学、放学和课间休息时间，这里的小学生们身着校服开心嬉戏，其欢歌笑语、朝气飞扬的场景多么热闹。

金库西小镇上的金库西小学校舍

金库西小学的木栅栏

在小镇的街道上，我们发现两旁的商店中辟有美术馆，颇有设计感的橱窗引得游人驻足观赏。这种无处不在深入底层的艺术创意，正是英国作为创意国度的基石所在。

金库西小镇上的美术馆及其橱窗布置　　　　金库西小镇上的卡伯费德地平线二手书店

出于专业的敏感，我高兴地发现有一家标有"第一流二手书店"的门店（first class second hand bookshop）；再看上面的店招，为"卡伯费德地平线"（Caberfeidh Horizons）。经了解，这是一家成立于2004年10月的慈善和社会企业，已拥有200多名成员，其宗旨是满足当地需要，为社区中有学习困难、心理健康问题、成瘾问题或长期失业的成年人及青年提供培训、支持和工作经验，并通过二手书店等筹款和募集赠款来支持以上的公益慈善事业。卡伯费德

金库西小镇街道上的砖石围墙和绿化　　　　金库西小镇上"一战"阵亡将士纪念碑

地平线二手书店得到年龄从16岁到80多岁不等的70多名当地志愿者的支持，他们轮班工作半天，每周6天轮流值班，负责二手书店、慈善商店和社区中心的运营，并付出时间和凭借他们的经验，以多种方式帮助企业举办各类活动和培训，同时支持接受培训的客户。企业的使命是通过提供培训、工作经验和机会，提高人们的信心、健康、生活技能和社区参与度，从而改善他们的未来前景，使金库西社区和周边地区的最弱势群体和脱离社会者转变为积极贡献者并融入社区，使这一地区的居民不感到孤独。

  小镇上还有公共绿地，经过精心的修剪，红绿花草组成美丽的图案，形成了地道的英国田园风光。绿地中矗立着3米高的第一次世界大战阵亡将士纪念碑。

18洞高尔夫发源地圣安德鲁斯

苏格兰圣安德鲁斯位于爱丁堡的东北方，这里是18洞高尔夫发源地，有高尔夫俱乐部；从第一座高尔夫球场到一场打18洞的高尔夫规则以及自18世纪中期延续至今的皇家古老高尔夫俱乐部，都产生在这里。这里现拥有7座高尔夫球场，其中6座为18洞球场，1座为9洞球场。

圣安德鲁斯高尔夫老球场

"高尔夫"为荷兰语kolf的音译。标准的高尔夫球场长5 943.6—6 400.8米，面积50—100公顷，设18个球洞；球洞深10.2厘米，直径10.8厘米，各球洞间距为91.44—548.64米不等。高夫球比赛分"比杆赛"与"比洞赛"两种。圣安德鲁斯高尔夫球场为全世界最古老和最著名的高尔夫球场，为高尔夫球迷们所向往。这里的高尔夫球场创始于15世纪中期，至今已有600多年的历史。1457年，这里兴起高尔夫运动并逐渐发展为十分流行的体育项目。由于打球的人太多，当时的国王詹姆斯二世（James II, 1633—1701）曾无奈以不得妨碍军队操练箭术为由，下令禁止打高尔夫球。球场里有一座名为斯威尔肯桥

18洞高尔夫发源地圣安德鲁斯

（Swilcan Bridge）的并不起眼的小石桥，但它却是高尔夫运动在全世界具有象征意义的文化地标。由于这座小石桥跨越第1洞和第18洞，那些高尔夫的巨星们往往都从这座桥上走过来接受观众们的热情欢呼；世界各类高尔夫比赛的新老冠军们来到这里，也往往会站在这座桥上拍照留念。

在这一老球场打球需要预约，且十分紧俏，提前一年就开始预约，而且周末不在预约之列。人们来到这里，可以沉浸在老球场及周边建筑的历史文化氛围之中，体验无与伦比的高尔夫和宗教的神圣气息。

圣安德鲁斯高尔夫博物馆

圣安德鲁斯高尔夫博物馆陈列的各类球

我们到达老球场时，正值下雨，球场上打球的人不多。球场一面临海，球场边有高尔夫博物馆。

高尔夫博物馆中较为全面地介绍了高尔夫运动发展的历史，让观众得以了解圣安德鲁斯在高尔夫运动发展史上的独特地位。展出的藏品很丰富，有全世界最古老的高尔夫球具，包括17世纪时塞入羽毛的高尔夫球，老虎·伍兹（Tiger Woods）的耐克球衣，各类打球的木杆、推杆、铁杆，以及球、球包、服装、奖杯、纪念品等；还有各种类型的艺术品，包括绘画、雕塑、玻璃制品、瓷器饰品等。

我们参观游览时，雨下得正大，便在高尔夫博物馆餐厅边躲雨边吃午饭。餐厅面向球场和大海，一边就餐，一边赏景，同时避雨，可谓一举三得。

圣安德鲁斯三面环海，这里不仅是人们打高尔夫的理想之地，也是放飞海上风筝的绝佳之地。放眼望去，鸢随风起，浪涌人漂，对于喜欢冒险的人们而言，实在是一个好去处。

英国爱尔兰行知录

在高尔夫博物馆餐厅远眺老球场和大海

圣安德鲁斯海边玩海上风筝的人们

龟兔连锁餐厅创始人蕾蕾

在英国伦敦的众多中餐馆中，有一家颇有特色的龟兔连锁餐厅（Hare and Tortoise）。截至2023年，龟兔连锁餐厅和WA蛋糕店已达10家并形成了中央厨房和仓库，连锁餐厅员工已超过200人，成为近数十年来伦敦中餐厅中颇为成功的一个案例。餐厅的老板娘，平时人们亲切地称她为"蕾蕾"。蕾蕾父亲为新闻记者，母亲为国家机关管理人员，1972年在上海出生后，因父母工作较忙，于是与外婆、舅舅、舅妈和表姐等一家在上海生活至8岁，1980年到北京父母身边生活，1982年随父母到深圳，与本书作者王晓云和王晓云之妹王晓伟亲如姐妹。

回顾蕾蕾龟兔连锁餐厅发展的历程，有4个重要的时间节点：

第一个重要节点是在蕾蕾19岁的1991年。当年她独自到英国留学，专攻财会。留学期间需要在餐厅打工挣些生活费，在打工中认识了来自中国香港的大厨阿鼎，交流中两人萌生爱意，蕾蕾以正在学习的财会专业知识协助阿鼎经营鸿兴楼饭馆。

第二个重要节点是在蕾蕾24岁的1996年。当年蕾蕾财经专业大学毕业，同年7月与阿鼎结婚。结婚后的第二个月，即1996年8月，龟兔连锁餐厅1号店在伦敦开张，选址在 15—17 The Brunswick Centre, London WC1N 1AF，离UCL、SOAS大学很近，开启了龟兔连锁餐厅发展的序幕；此后一发而不可收，尽管1997年儿子出世，但这似乎成为龟兔连锁餐厅发展的驱动力：

2000年2号店在伦敦开张，并于2001年从Isleworth迁到Ealing（伦敦西区伊林），38 Haven Green, Ealing W5 2NX。

2003年3号店开张，位于 296—298 Upper Richmond Road, London SW15

6TH，这家店面积比较大，在这里设置了总部和会计部门。

2004年4号店开张，位于373 High Street Kensington, London W14 8QZ，是拥有的第一家产权商铺。

2006年1号店搬迁并扩大，原来的老店随着商场装修更新，并迁入一个更大的店面。装修期间，旧店继续运营，最后搬迁时只歇业一天，新店就开起来了。营业额也随着店面的扩张而翻了一番，同时品类也增多。

2009年5号店开张，是第一家开在老金融城办公楼区的分店，很受白领欢迎。但是后来受疫情影响，在2022年提早结束了租约。

本书作者王世伟、王晓云与姑姑、姑父、表妹、表妹夫在伊令2号店聚餐

2010年2号店扩张，经顾客介绍认识了建筑师Gordon Young，把二号店扩大了一倍。这位设计师是中国香港人，设计风格与龟兔很契合，也有丰富的餐厅设计经验。之后双方又合作了6个工程，把餐厅的整体用餐环境提升了一个档次，Gordon Young从此成为连锁餐订长聘设计师。

2012年翻新4号店，在2号店成功扩张后，请Gordon按照2号店的风格翻新了Kensington店。

第三个重要节点是在蕾蕾42岁的2014年。龟兔连锁餐厅在经营中餐的基础上，从伦敦市民休闲及对生活品质的需求出发，颇具创意地在伊令地区新开设了WAEaling蛋糕店，推出了龟兔连锁餐厅全新的服务业务。为了提高蛋糕品味，蕾蕾他们不断在蛋糕制作上创新，多次带领店长和员工到法国、日本等地学习。在伊令蛋糕店成功经营的基础上，蕾蕾于2017年又尝试将WA蛋糕店拓展至伦敦市中心的考文垂花园。为了满足6家中餐厅和2家蛋糕店的发展需要，蕾蕾于2017年开设了中央厨房。从2014年至2024年，蕾蕾的连锁餐饮事业发展到了一个更高的水平。

2014年6号店开张，位于156 Chiswick High Road, London W4 1PR，处在伦敦西区的一个优质社区。这次的设计由Gordon的合伙人Johann（德国人）负责，其设计方案荣获2014餐厅酒吧设计奖·休闲餐饮（Restaurant and Bar

Design Award·Casual Dinning）。疫情期间，虽然关了Blackfriars店，但是发展了大量的外送业务，除了实体店之外，还与外卖平台Deliveroo合作，加入了他们的两个线上店，分别在Battersea和White Chapel。

2014年开张的伦敦西区8号店（156 Chiswick High Road, London W4 1PR）

2014年，开启了WA Café之旅，店址在32 Haven Green, Ealing W5 2NX；

2017年，WA Café Covent Garden开张；

2023年，WA Café Marylebone开张；

2024年，WA拥有了自己的现代化中央厨房和仓库。

第四个重要节点是在蕾蕾48岁的2020年。当年因为伦敦的新冠疫情，龟兔连锁餐厅和蛋糕店面临关闭的危机。蕾蕾危中求机、转危为机，积极寻找商机，在两方面发力：一是大力发展网上送餐服务，二是开发了南伦敦配送厨房。至2021年，东伦敦配送厨房开张，形成了全新的餐饮服务新业态。

从1996年至2024年，龟兔连锁餐厅走过了28年日就月将、艰难创业的发展历程。其店名"龟兔"既体现了卜筮预知和龟鹤永年的寓意，也体现出动如脱兔、繁殖敏捷的特点，"龟兔"文化正是连锁餐厅和蛋糕店近30年发展历程的生动写照。

2020年爆发的全球性新冠疫情持续数年，餐饮业是遭受打击最大的行业之一，龟兔连锁餐厅在前期网上订餐和少量外卖的基础上，因时而变，根据顾客的需求，加大了线上预订送餐到家的新服务，从而使餐厅度过了最艰难的时刻。

英国爱尔兰行知录

本书作者王晓云与蕾蕾在伦敦市中心的WA蛋糕店内合影（上图右）

本书作者王晓云（左）与在英国读书、专程到伦敦看望老师的旧日学生（右）在伊令蛋糕店

龟兔连锁餐厅的成功与老板娘蕾蕾的为人处事密不可分。由于蕾蕾外语好，财会业务能力强，所以连锁餐厅的对外联络由其全权负责。在对外对内的待人处事方面，蕾蕾秉持与人为善的原则，关心员工、对人友善，在一些事情的处理上宁愿自己经济上吃亏，也要与人方便、与己方便。在推动事业成功的过程中，不断参与各类慈善活动，将爱播撒在社会的方方面面。在与蕾蕾的交流中，我们发现她不论遇到何种情况，脸上总是挂着微笑，给人带来向善的力量和希望的光芒，这正是蕾蕾之所以成功的心地境界。

WA2022年4月推出的樱花提拉米苏新品蛋糕

任职英国牛津布鲁克斯大学的社会历史学者阿莉莎·莱文（Alysa Levene）著有《蛋糕：历史的一角》（Cake a Slice of History）一书，对蛋糕这种可能是全世界最受欢迎的甜点进行了研究。美国《华尔街日报》网站2016年4月23日曾刊载《蛋糕的发明》一文，对此书进行了评介。文章引述了作者的一些精彩叙述：在中世纪，生日蛋糕经由德国儿童节——通过插入蜡烛驱赶恶灵——成熟起来。蛋糕作为一种较精致的面包，两者间的分界线可能是模糊的。显然，它们的基本原料相同，但蛋糕很快就分化为一种较奢侈、预示着特殊活动——通常涉及仪式、宴会和集体关系的活动——的食物。蛋糕在某种程度上是一种款待他人的美食，是一种地位稳固的下午茶时间的美食。古埃及有时制作添加蜂蜜或果干的蛋糕，让逝者带至另一个世界。蛋糕的文化艺术和社会历史含义是如此丰富，无怪乎蕾蕾和其先生阿鼎会对开设蛋糕店如此投入并为之充满了激情。

经过近30年的努力，龟兔连锁店和WA蛋糕店在餐厅如林的伦敦不仅站稳了脚跟，而且获得了良好的声誉，并正在计划向东伦敦发展。2023年2月，WA分别被著名媒体彭博社和《泰晤士金融报》报道，其中彭博社在推荐13间烘焙店时还专门用了WA的照片，而《泰晤士金融报》则误将WA归入5家最佳日本餐厅，可能是记者认为WA具有日本的风格。

媒体对WA蛋糕店的报道（2023年2月）

唐宁街10号新春酒会

伦敦唐宁街10号是英国首相官邸，平时铁门关闭，有多名卫兵站岗。由于这里是新闻媒体报道的热点场所，在电视和报纸等媒体出现的频率很高，故也成为浏览伦敦的一个打卡点，平时门外聚集有不少游客。

唐宁街10号成为游客观光的热点

有一天，我们在路上与龟兔连锁餐厅及WA蛋糕店的创始人蕾蕾聊天，她讲起要给英国女王写信，表达她有一个梦想，即哪一天让女王能品尝WA店的蛋糕。虽然这一梦想未能实现，但2024年初春，蕾蕾却收到一个意外的惊喜：2024年2月7日（农历腊月二十八），英国首相府将在唐宁街10号举办新春酒会，蕾蕾的龟兔和WA店幸运地第一次受到邀请参与这场招待酒会，为诸多参加酒会的华人代表提供餐品；共有17名员工参与并顺利完成了这次特别的餐品供给，令蕾蕾和先生阿鼎喜出望外。

龟兔和WA店部分员工在唐宁街10号门口合影留念（2024年2月7日）

龟兔连锁餐厅创始人蕾蕾

2024年2月7日唐宁街10号新春酒会上的部分中餐点心

令人称奇的顶级大厨阿鼎

伦敦是一个移民城市，旅居在此的华人数量不少；中餐厅遍布市区各处，尤以中国城为最。在中餐业界，有一位被同行尊称为"鼎爷"的大厨，就是龟兔连锁餐厅的老板"阿鼎"。

阿鼎1952年出生于上海，1960年随母亲及妹妹前往香港，寄居于亲戚之处。阿鼎的少年儿童时代，在香港生活艰辛，而学习生活又难以适应，未读中学便辍学。自13岁开始在杂货店打零工，15岁经母亲托人在京菜馆做学徒，自此开启了其厨师生涯。阿鼎从学徒工成长为一位伦敦中餐业界的顶尖厨师和中餐连锁店的老板，这可从其性格特征破解其成功的密码。

阿鼎在家庭烹饪中给菜品调味

做杨枝甘露甜品

令人称奇的顶级大厨阿鼎

阿鼎的性格和为人处事有四大特点。

一是勇于尝试。阿鼎8岁时便随家人闯荡香港,少年时代即先后在杂货店打零工、在餐馆当学徒。阿鼎具有做厨师的天赋,厨艺很快上手,17岁便成为小师傅。1973年,他拿着工作签证不远万里来到英国的餐馆做厨师,有多家餐厅的厨师经历;此间又先后去瑞士和美国短期工作,但未能成功。尽管没有找到适合自己的创业机会,但勇于尝试的性格促使阿鼎屡败屡战,终于,幸运之神在不惑之年降临。1994年起,阿鼎开始承包原来属于自己老板的鸿兴楼中餐馆,经过数十年的不懈尝试,终于走出了适合自己的成功之路。

二是处事认真。阿鼎14岁在餐馆当学徒时,每天很早到店,很晚回家,每天都将餐厅的料理台打理得干干净净,令餐馆老板十分满意。从小养成的处事认真的习惯,一直保持到老年。阿鼎管理的连锁餐厅,无论是厨房还是餐厅抑或洗手间,都搞得十分整洁,所有物品都有固定的摆放位置,厨柜中的各种油、盐、酱、醋等都有固定的位置并排列整齐,如同书架上的分类图书。据阿鼎介绍,这样的摆放令厨师工作方便,要取用哪一种调料,便知道它在哪个确定的位置,不会搞乱,品类齐全与否也可随时知晓。不仅如此,尤令我们惊叹不已的是,阿鼎做完饭后的灶台、料理台、水洗池等都洁净如镜,无一颗水滴和一丝杂物,洗净后的所有餐具均一一归放原处,井然有序。同时,阿鼎每天都会在各连锁餐厅和中央厨房的一线进行巡视,工作认真勤勉。在首家连锁餐厅的经营中,曾遇到伦敦城市下水道堵塞影响餐厅污水排放的难题,阿鼎硬是手提肩扛,不避脏臭地疏通了管道。这些正是龟兔连锁餐厅持续成功的基础。

三是厨艺精湛。在数十年的厨师工作中,阿鼎在厨艺方面不断追求卓越,刀火功高,臻于伦敦中餐厨艺的天花板;这得益于他数十年中的虚心学习和与时俱进。早在少年时期当餐厅学徒时,阿鼎便时时留心观察蛋糕师的工艺做法,而一旦听闻哪家餐馆有受欢迎的新品推出,他也会与太太一起去现场品尝,在学习中不断自我创新和突破。我们曾多次有幸观赏阿鼎烹饪的全过程,简直令人叹为观止。他不仅对食材的选取极为严格,品种多元多样,而且刀法精雕细刻,火候快慢适宜,摆盘色香味形美均全。

我们到达伦敦的当天晚上,曾一起包荠菜馄饨——当时的食材可谓是国际化的:荠菜是中国大陆的,馄饨皮是新加坡的,肉酱是英国的,葱是塞浦路斯的,包法则是中国香港的;还有清蒸爱尔兰鲜贝(据说很紧缺)、英国当地青菜和烤鸡肉串(沙茶酱)等。佩服之余,我们有感而发,写下如下几句:"阿

本书作者王晓云与姑姑、姑父和表妹蕾蕾、妹夫阿鼎在伦敦中餐馆聚餐

鼎大厨,刀火功高,甘露豆沙,冬瓜美鲜,大昌红肉,陈肾肚里,清蒸鲜贝,橄榄龙虾,当今庖丁,英伦无敌。"

四是坦诚幽默。阿鼎为性情中人,无论对同事、朋友或家人,都坦诚以待;话虽不多,但其热诚、亲切之心能让人真切感受到;而时而一脸严肃地同人开玩笑,其冷面滑稽、富有幽默感的话语也令人开怀解颐,体现出其生活智慧和处世之道。在伦敦期间,阿鼎曾陪我们去品尝了不下8家中餐馆,无论到哪一家,上至餐厅老板,下至服务员,都热情地迎送并高兴地叙谈,如同家人一般。随着阿鼎厨艺的提升和事业的发展,如今伦敦中餐同行们都尊称阿鼎为"鼎爷"了。

阿鼎在清洁厨房和灶台

附录

赖奕武、徐英夫妇收藏并捐赠的
20世纪60—70年代文献资料概述

赖奕武、徐英夫妇收藏的20世纪60—70年代文献资料，于2023年5月23日捐赠并正式入藏深圳图书馆。以下是这批文献资料的概况。

赖奕武出生于1938年，早年就读于中山大学历史系，毕业后在国务院对外文化联络委员会下属的亚非拉文化研究所从事研究工作，1973年调任国家

赖奕武、徐英夫妇

体委所属《中国体育报》担任记者，1982年南下到《深圳特区报》担任体育部主任至退休。徐英出生于1942年，早年就读于上海财经大学工业会计专业，毕业后在国家经委国家物质总局工作，1982年南下就职于深圳市计委，后转至深圳市物资总局工作至退休。2003年起，赖奕武、徐英夫妇到英国伦敦女儿处定居。

赖奕武、徐英夫妇收藏并捐赠的20世纪60—70年代文献资料共计1 212册（件），大致分为两大部分：一为这一时期的报纸期刊，总计264种，701期（号）；一为这一时期的诸多灰色文献，包括内部印刷的图书和各类传单等，总计511册（件），分装在统一编号的331个档案袋中。

一、报纸期刊，总计264种，701期（号）

（一）创刊号：共58种（58期/号），有不少注明为创刊号并在第一版刊有《发刊词》，也有注明为第1号或第1期的。（二）联合出版报刊：共23种（件），23期，出版时间为1967年4月至1968年5月。（三）其他报刊：共203种，622期，出版时间为1966年9月23日至1968年9月1日。

二、图书传单，总计511册（件）

（一）总论：共26册（件）。（二）领导讲话等：共114册（件）。（三）综合传单：共92册（件）。（四）主题文献：共94册（件）。（五）批判资料：共185册（件）。

赖奕武当年在购藏资料过程中的签名标注

附 录

　　这批20世纪60—70年代的文献资料，主要由赖奕武搜集收藏于20世纪60年代；60年代末，曾随赖奕武至河南息县干校，70年代又回到北京，后于1982年随赖奕武、徐英夫妇一起南下到深圳新家。2019年11月，赖奕武、徐英夫妇将这批资料从深圳快递至上海王世伟、王晓云夫妇家中，资料的具体整理工作自2020年1月15日开始，至2020年6月20日完成。整理工作分为两个阶段：第一阶段为2020年1月15日至1月29日，由王晓云将各类报刊资料按名称的汉语拼音分类，由王世伟对各类文献，包括图书、漫画等进行初步分类，并专门挑选出其中的报刊创刊号；第二阶段为2020年4月22日至6月20日，由王晓云对按汉语拼音分类的各类报刊再进一步细分至具体种类；由王世伟负责具体著录，著录时对有关报刊和图书传单进行时间排序和内容细分，同时在著录过程中，也进行了一些资料的抢救性修补和考证。著录的主要内容包括：资料名、资料作者（编者、翻印者）、出版时间、出版地点、开本大小、印刷形式、具体期号等，并在附录中记录了相关的信息，如资料是否套红、是否有发刊词，以及销售价格等。对个别资料进行了考证。

王晓云在整理分类资料（2020年1月）

王世伟在书桌前整理著录（2020年4月29日）　　2020年6月20日，完成整理著录的捐赠资料

另有王世伟捐赠其所收藏的20世纪60—70年代的文献资料共计122册（件），包括小册子、传单漫画、期刊报纸等，分装在统一编号的4个档案袋中，于2023年1月完成整理编目。根据赖奕武、徐英夫妇的愿望，决定将这批资料入藏深圳图书馆。2023年4月25—26日，20世纪60—70年代文献资料经打包后快递至深圳；4月28日，这批资料顺利运抵深圳图书馆。2023年5月23日，深圳图书馆举办了"赖奕武、徐英伉俪珍藏文献捐赠仪式"，由本书作者代为参加并接受捐赠证书。

捐赠资料打包（左），安全运抵深圳图书馆（右）

附 录

深圳图书馆举行"赖奕武、徐英伉俪珍藏文献捐赠仪式"（左），深圳图书馆馆长张岩向本书作者颁发捐赠证书（右）

文献捐赠仪式后合影

近年来王世伟所撰文章
（2019年9月—2024年2月）

一、已发表部分：

1. 科技与智库成果选题与思考的切入点.文献与数据学报，2019（4）.
2. 论全球国家图书馆建筑设计的学术性格与文化意蕴.国家图书馆学刊，2019（5）.
3. 对公共图书馆"传承文明、服务社会"三大功能的再认识.图书馆杂志，2019（10）.
4. 数据驱动的图书馆学情报学.情报资料工作，2020（1）.
5. 论面向未来的公共图书馆包容性发展.中国图书馆学报，2020（2）.
6. 面向未来的公共图书馆问学问道.图书馆论坛，2020（3）.
7. 略论"信息疫情"的十大特征，图书馆杂志，2020（3）.
8. 深化人工智能与图书馆更新的若干问题——再论人工智能与图书馆更新.图书与情报，2020（3）.
9. 论中国特色公共图书馆新型智库建设的定位与发展.情报资料工作，2020（5）.
10. 在问学问道中求索前行——图书馆学情报学学术生涯的简要回顾（1984—2020）.图书馆杂志，2020（8）.
11. 论"十四五"期间公共图书馆"全程智能"发展的三重境界.图书馆建设，2020（6）.
12. 何为经典——经典阅读系列研究之一.图书馆杂志，2021（8）.
13. "十四五"时期公共图书馆高质量发展应具备的五大指向.图书馆理论与实践，2021（1）.
14. 以七大结构优化提升"十四五"时期公共图书馆服务水平.图书馆论坛，2021（1）.
15. 在提高社会文明程度中推动公共图书馆的高质量发展.图书与情报，2021（1）.
16. 在新发展格局中推进公共图书馆的创新和高质量发展，中国图书馆学报，2021（2）.

17. 高质量视域下文旅融合实践的忧虑与思考. 图书馆建设, 2021 (4).

18. 关于发挥高端交流平台智库功能的几点思考. 数字图书馆论坛, 2021 (6).

19. 上海图书馆与上海海峡两岸学术文化交流促进会纪实. 图书馆杂志, 2021 (10).

20. 略论"城市书房"高质量发展的若干要素. 图书馆论坛, 2021 (10).

21. 论数字中国背景下的图书馆智慧化转型. 中国图书馆学报, 2022 (1).

22. 重新认知中国智慧图书馆发展的历史方位. 图书馆理论与实践, 2022 (1).

23. 精神生活共同富裕的公共图书馆样本. 图书情报论坛, 2022 (1).

24. 图书馆智慧体是对图书馆有机体的全面超越. 图书馆建设, 2022 (3).

25. 以高端数字化人才引领并推动全民数据素养与行动. 图书馆论坛, 2022 (3).

26. 论学术研究中第一手资料的特征及使用的若干问题. 情报资料工作, 2022 (6).

27. 略论江南藏书文化的国际化元素//守望书香——江南藏书文化研究论文集. 上海书店出版社, 2022.

28. 整整一世的海峡两岸图书资讯学术交流片断追忆//跃升、转变与扩疆——中华图书资讯教育学会三十周年特刊（1992—2021）. 台北元华文创股份有限公司, 2022.

29. 以中国式现代化全面推进中国图书馆事业新发展——基于人口规模巨大的现代化的思考. 图书情报知识, 2023 (1).

30. 文字诂训之学是学术研究和古籍整理的基础之学. 图书馆建设, 2023 (2).

31. 中国特色公共图书馆创新和高质量发展的全新探索. 图书馆杂志, 2023 (4).

32. 文献聚藏是图书馆的根本功能使命. 公共图书馆, 2023 (2).

33. 具有海派文化特质的图情事业型学者——纪念陈誉教授逝世20周年. 图书馆杂志, 2023 (6).

34. 论胡道静先生对古籍整理和图书馆学的贡献. 图书与情报, 2023 (3).

35. 王重民手稿入藏上海图书馆追忆. 王重民先生百廿诞辰纪念文集, 2023.

36. 藏书数字化建设与经典阅读服务创新路径实践. 藏书报，2023-11-06（02）.

37. 略论深圳图书馆"南书房家庭经典阅读书目"所体现的三大智慧. 图书馆论坛，2023（11）.

38. 在深刻把握中华文明五大突出特性中推进图书馆的高质量发展. 图书与情报，2023（6）.

39. 当代图书馆协同创新彰显中国式现代化的独特魅力. 图书馆研究，2023（12）.

40. 顾廷龙、潘景郑、胡道静的学术情谊片断追忆//海派：第4辑. 上海大学出版社，2023.

二、待发表部分：

1. 论古籍整理追求旨趣的七个维度. 天津师范大学学报.

2. 图书馆的空间设计与高质量发展. 图书馆杂志.

3. 训诂目录学论略//中国训诂学报. 商务印书馆.

4. 胡道静学术生涯二三事//藏书家. 齐鲁书社.

5. 论图书馆智库的高质量发展. 图书馆论坛.

三、本书已发表内容：

1. 切斯特·比蒂图书馆的创始起源与珍藏文献. 图书馆建设，2022（3）.

2. 曼彻斯特大学约翰·瑞兰德斯图书馆. 图书馆杂志，2022（10）.

3. 大英博物馆陈列文物中的图书馆学与文献学的史料. 图书馆杂志，2024（1）.

4. 英国国家美术馆藏陈绘画作品中展现的文献与阅读. 图书馆建设，2024（1）.

后记

2024年龙年春节期间，《英国爱尔兰行知录》终于基本完成了。当2019年9月从英国回到上海时，曾计划在2020年完成书稿，2021年正式出版；现在整整晚了3年，这里面固然有不勉强自己的心态，数年中只是抱着每天进步一点点的追求去完成书稿，但更多的是受制于以下4个方面的综合因素。

一是3年中王世伟撰写出版了《智慧图书馆引论》（上海大学出版社2022年7月），这是因为2021年3月公布的《中华人民共和国国民经济和社会发展第十四个五年规划和2035年远景目标纲要》中，首次从国家规划的层面提出了发展智慧图书馆的导向；为迎接拥抱扑面而来的智慧图书馆时代，作者试图为推进这一未来图书馆的新形态添砖加瓦，于是花了一些时间形成了《智慧图书馆引论》一书。同时在出访英国爱尔兰之前，王世伟已计划将自己的学术生涯进行一些总结，回国一年后汇集出版了《面向未来的公共图书馆问学问道》一书（上海社会科学院出版社2020年9月），这也花去了一些时间。

二是王世伟退休前供职的上海社会科学院信息研究所从2021年起，连续编辑出版《全球信息社会发展报告》并持续3年约稿，这是难以拒绝的，每年需要搜集资料并完成2万字左右的专题报告。2021年是《加快数字化发展中的中国智慧图书馆建设》（社会科学文献出版社2021年11月）；2022年是《近年来图书馆智慧体发展的五大特点述略》（社会科学文献出版社2022年10月）；2023年是《生成式人工智能对文化事业创新和高质量发展的机遇与挑战》（社会科学文献出版社2023年11月）。

三是王世伟所从事的图书馆学和历史文献学领域的期刊有许多，每年都会有不少约稿；在数十年学术生涯中所建立的同行友谊是需要珍惜并感恩的，

英国爱尔兰行知录

本书作者王世伟、王晓云（左3、左4）在伦敦与表妹蕾蕾（左2）及妹妹（左1）合影

同时这些约稿中有许多也是作者颇感兴趣的选题，促进了作者的学术思考与研究。自英国回到国内后的这几年时间里，王世伟曾先后撰写并发表了数十篇文章（详见附录《近年来王世伟所撰文章》）。

四是2020年新冠疫情暴发之后，我们曾花数月时间对姑父、姑姑所藏20世纪60—70年代文献资料进行了整理，并于2023年5月捐赠给了深圳图书馆（参见附录：《赖奕武、徐英夫妇收藏并捐赠的20世纪60—70年代文献资料概述》）；同时对家藏图书、照片和各类文献进行了较为全面的整理。此外，近几年中，我们曾到境内外进行了10多次旅游，参加了近20次各类演讲、学术交流、项目评审等活动，这些都需要时间的付出，故也影响了书稿文字的按时完成。好在书稿内容的时间性不强，尽管晚了几年出版，但对书稿内容没有太多影响。

如今呈现在读者面前的书稿，虽然我们已尽了心力，但也留下了一些遗憾。本来我们收集的资料不少，准备撰写的内容也比较多，但有些内容并非我们十分熟悉；而有的内容他人已有了详尽深入的研究或介绍，因此决定放弃；还有一些内容虽然自己有所体会，但思考研究尚不深入，如写入书稿，内心会

后 记

本书作者王世伟在曼彻斯特图林纪念塑像前留影

本书作者王晓云在泰特美术馆举办的梵高特展前留影

有不安，也决定暂付阙如。

  对于不断延后的交稿时间，我们是要向上海大学出版社邹西礼副总编辑表示歉意的，我们要感谢他与出版社同仁对本书出版的鼎力相助。我们也要感谢英国爱尔兰各大文化场馆线下与线上的文字介绍及各类图册对书稿所起的参考作用；还要感谢姑父赖奕武、姑姑徐英、表妹蕾蕾、表妹夫阿鼎对我们到访英国期间给予的热情接待与细致周到的安排。

王世伟　王晓云
2024年2月16日于上海凯旋北路清水湾